포스트휴먼 시대의 윤리

Ethics in the Posthuman Era:
Searching for the Actuality of Aristotelian Ethics

by

Jeong, Yeonjae

Ethics in the Posthuman Era

포스트휴먼 시대의 윤리

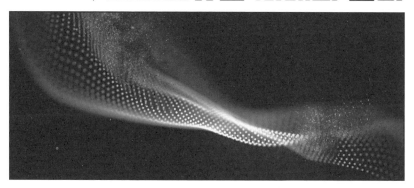

아리스토텔레스 윤리학의 현실성을 찾아서

Searching for the Actuality of Aristotelian Ethics

정연재 지음

아카넷

책을 펴내며

4차 산업혁명은 우리 일상의 삶에 커다란 파장과 균열을 일으키고 있다. 자동화(automation), 연결성(connectivity)의 극대화, 파괴적 혁신(disruptive innovation)은 첨단 과학기술이 추동하는 시대정신이다. 현란한 과학기술은 앞으로 펼쳐질 미래에 대해 희망과 불안감을 동시에 던져주지만, 우리의 의식을 압도하는 것은 단연코 불안감이다. 이러한 삶의 동요와 불안감은 트랜스휴머니즘(transhumanism)의 출현에 더욱 증폭된다. 인간이 과학기술을 통해 생물학적 한계로부터 완벽하게 벗어날 수 있다는 주장은 인간의 필멸성(mortality)에 토대를 둔 휴머니즘과 과감히 결별을 선언한다. 우리가 현재 목격하고 있는 인간의 '기계화'와 기계의 '인간화'는 전통적 인간의 범주를 무너뜨리고 있으며, 인간 한계의 명증적 표시라 할 수 있는 삶과 죽음의 문제는 조작 가능하고 극복 가능한 문제로 변화하고 있다. 이전 세대들이 느꼈던 삶의 동요와 위기감과 전혀 차원이 다른 것은 바로 이 같은 변화의 '근본성' 때문일 것이다. 삶의 동요와 위기감은 전문직(profession)에게도 예외는 아니다. 후기산업사회(Post-industrial Society)의 주역이었던 전문직이 이전과는 전혀 다른 환경에 직면해 있다. 사회적 영향력과 경제적 특권의 핵심을 이루었던 전문성이 극소화됨에 따라 전문직 자체의 급격한 해체가 예상되는 것이다. 일례로 인공지능 의사 '왓슨'과 변호사 '로스'의 출현은 전문직의 정체성과 위상을 급격하게 무너뜨리고 있으며, 전문성에 대한 재정의(redefinition)의 필요성을 강력하게 제기한다. 교육 전문직도 마찬가지다. '강단에 선 현자'의 역할에 충실했던 교수자에게 기계가 도저히 할 수 없는 영역만이 교육의 영역으로 남게 될 때, 과연 그들은 무엇을, 어떻게 가르칠 것인가?

이 책은 이러한 현실적인 문제에서 출발한다. 제목에서 알 수 있듯이 아리스토텔레스의 윤리학의 '현실성'을 탐색하는 것이 주된 내용이다. 사실 아리스토텔레스 윤리학은 덕의 윤리까지 포함하여 상당 부분 연구가 이루어진 주제다. 그럼에도 다시 호출하는 이유는 이 주제에 대한 학문적 적실성을 보여주는 연구가 여전히 부족하다는 판단 때문이다. 이러한 맥락에서 이 책은 트랜스휴머니즘과 프로페셔널리즘 영역에서 아리스토텔레스 윤리학의 적실성을 보여주려는 시도의 일환이다. 흔히 아리스토텔레스 윤리학은 행위자 중심의 윤리, 덕(탁월성)의 윤리(virtue ethics)로 불린다. 아리스토텔레스는 덕(탁월성)을 통해 도덕적 행위주체로서 인간이 확보할 수 있는 자존감을 확인시켜 주었으며, 폴리스적(정치적) 존재로서 인간이 꿈꿀 수 있는 공동체적 행복의 요체를 제시해주었다. 무엇보다 덕(덕월싱)과 행복이야말로 자연적으로 주어지는 것이 아니라 지속적인 삶의 실천 가운데 성취해야 한다는 메시지를 통해 우리 시대 바람직한 삶의 방식을 제시하고 있다.

제1부는 트랜스휴머니즘과 아리스토텔레스 윤리학을 다룬다. 과학기술의 진보는 거스를 수 없는 대세가 될 것이고, 이에 따라 인간 탐색의 시도는 더욱 심화되고 확장되어야 할 것이다. 뿐만 아니라 인간 종(種)의 범주를 호모 사피엔스에서 호모 테크니쿠스로 확장시키려는 트랜스휴머니즘의 잠재적 시나리오 역시 정교한 검토가 이루어져야 할 것이다. 이러한 필요성에 따라 1부는 인간 향상기술을 아리스토텔레스 윤리학의 관점에서 검토하면서 향상(enhancement)을 적극적으로 추진하는 방식에 깃들어 있는 과도한 욕망을 추적한다. 또한 과학기술을 통해 인간의 도덕적 진보를 이끌어내려는 트랜스휴머니즘의 기획을 덕윤리적 관점에서 비판적으로 검토하고, 트랜스휴머니즘의 도덕성 향상 프로젝트를 다루면서 기술적 수단을 통해 확보된 행복이 진정한 행복인가의 문제를 검토한다. 나아가 포스트휴먼을 향한 추구가 인간 존엄성의 이해에 어떤 변화를 도출하는지, 나아가 향상된 포스트휴먼은 존엄성을 갖춘 존재로 간주해야 하는지를 다루어볼 것이다.

제2부는 프로페셔널리즘(professionalism)과 아리스토텔레스 윤리학을 다룬다. 전문직 지배의 시대에서 전문직 황혼기로 이행중인 전환기적 국면에서 프로페셔널리즘의 핵심요소를 도출하고, 이를 통해 통합적 관점에서의 전문직 윤리의 필요성과 우리 사회에 적실한 전문직 윤리의 가능성을 찾아본다. 또한 인테그러티 개념의 정교한 분석을 통해 교화된 전문직으로서 갖추어야 덕목으로서 도덕적 인테그러티(moral integrity)가 지니는 의미와 중요성을 도출한다. 마지막으로 급변하는 고등교육 환경에서 바람직한 교육실천의 방향과 학술전문직이 갖추어야 할 교육윤리의 문제를 다루어보면서 학문공동체의 이상적 모습을 가늠해본다.

트랜스휴머니즘과 프로페셔널리즘의 주제를 다루면서 아리스토텔레스 윤리학에 주목했던 것은 아리스토텔레스 윤리학이 지니는 현실적 유용성 때문이었다. 과학기술의 발전 속도에 비해 인간의 도덕성이 답보 상태에 머물러 있게 된다면, 조만간 기술적 능력과 도덕성 간의 간극은 해결 불가능한 문제로 남게 될 것이다. 인간 가치에 대한 성찰의 소산인 윤리학이, 특히 아리스토텔레스 윤리학이 여전히 우리 앞에 소환될 수밖에 없는 이유다. 행복한 삶에 대한 정보와 지식이 홍수처럼 쏟아지는 가운데서도 아리스토텔레스의 윤리학은 좋은 삶에 대한 명확한 비전을 보여준다. 무엇보다 아리스토텔레스 윤리학은 성과중심사회에서 자칫 잃어버릴 수 있는 삶의 궁극적 목표와 방향을 환기시키고, 평범한 일상에서 모색하는 실천적 노력의 중요성을 일깨운다. 또한 불투명한 미래 가운데 자칫 빠지기 쉬운 허무주의적 삶의 태도를 극복하고 자기존중에 기초한 건강한 삶의 태도를 견지하게 만든다.

인간 종(種)의 종언을 알리는 인공지능의 시대, 가치 탐색과 인간 존재에 대한 물음이 한가로운 사치에 비유되는 무한경쟁의 시대, 사회 양극화와 극단적 이념 대립의 시대, 예측 불가능한 기후 변화와 생태계 파괴의 시대, 무엇보다 인간 존엄성이 급격히 무너지는 시대, 우리 시대를 압도하는 이 같은 위기 속에서도 아리스토텔레스의 실천적 지혜(phronesis)의 이상은 여전히 빛을 발할 것이다. 아리스토텔레스에 따르면, 우리 인간의 삶이란 평범한 일상을 꾸준한 노력을 통해 대체불가능할 정도의 탁월한 삶으로 만들어가는 과정이다. 이 책이 아리스토텔레스가 전하는 메시지에 대한 작은 응답이었으면 하는 바람이다.

2019년 10월
저자 정연재

차례

세부차례

제2부 프로페셔널리즘과 아리스토텔레스 윤리학

4장 프로페셔널리즘과 교화된 전문직

5장 도덕적 인테그러티와 전문직 윤리

6장 학문공동체의 공공선을 찾아서

왜 아리스토텔레스 윤리학인가

> 우리, 서서히 죽는 죽음을 경계하자
> 살아 있다는 것은
> 단순히 숨을 쉬는 행위보다 훨씬 더 큰 노력을
> 필요로 함을 늘 기억하면서
>
> 오직 불타는 인내심만이
> 멋진 행복을 얻게 할 것이다.
>
> — 마샤 메데이로스, 「서서히 죽어 가는 사람」 중에서

1. 불안의 시대

시대를 규정하는 것은 늘 어렵다. 한 시대의 특징을 포착하여 개념화하는 것은 사회를 바라보는 예리한 통찰력이 있는 사람에게만 가능하기 때문이다. 찰스 테일러(Charles Taylor)는 현대사회를 '불안의 시대'로 규정한 바 있다. 공포라는 감정이 공포를 유발하는 대상의 현전을 전제로 한다면, 불안은 철저히 무(부재)에 대해 느끼는 감정이다. 과연 현대인들에게 불안을 가져다주는 원인은 무엇인가? 『불안한 현대사회』에서 그는 다음과 같이 말한다.

현대사회가 안고 있는 세 가지 불안 요인은 삶의 의미의 상실, 즉 도덕적 지평의 실종이고, 만연하는 도구적 이성 앞에서 소멸하는 삶의 목표이며, 시민으로서의 정치적 자유의 상실이다.[1]

첫 번째는 삶의 의미의 상실, 즉 도덕적 지평의 실종이다. 현대인들은 삶의 원대한 목표를 설정하고 보다 좋은 삶, 보다 나은 삶에 대한 이상을 그려내는 것을 포기한다는 것이다. 특히 이러한 도덕적 이상은 '우리' 안에서 '나'의 정체성을 확보할 때만 가능한 그림이다. 고전적인 윤리는 한 인간을 고립적 개인이 아니라 공동체의 질서 속에서 자신이 있어야 할 자리를 명시적으로 밝힌다. 그러나 개인주의가 압도하는 현대사회는 그렇지 않다. 삶의 초점이 자기 자신에로 이동하여, 타인의 삶이나 사회에 점점 무관심하게 되고, 이에 따라 삶의 의미의 반경이 극도로 좁아지게 된 것이다. 개인주의와 자기도취의 문화(culture of narcissism)가 만연한 사회에서 통용되는 가치관은 심리학적 이기주의와 윤리학적 이기주의의 절묘한 조합에서 형성된다. 기술적(記述的) 차원의 심리학적 이기주의가 "모든 사람은 자기 자신의 행복을 위해 살아간다"를 의미한다면, 규범적 차원의 윤리학적 이기주의는 "자기 자신의 행복을 위해 사는 것이 바람직하다"는 것을 의미한다. 결국 이 양자의 결합은 도덕적 가치를 개인의 사적 기호로 만드는 근거가 된다.[2]

두 번째는 도구적 이성(instrumental reason) 앞에서 소멸하는 삶의 목표다. 도구적 이성은 우리가 주어진 목적을 성취하기 위한 수단을 어떻게 하면 가장 경제적으로, 효율적으로 해낼 수 있을까를 계산할 때 의지하게 되는 '합리성'을 말한다. 한마디로 투자 대비 최대 효과를 산출하는 것이 도구적 이성에 합당한 행위일 것이다. 도구적 이성이 압도하는 사회의 풍경은 현대사회를 살아가는 우리들의 모습과 다르지 않다. "사람들은 오로지 자기 자신만을 생각하고, 자신의 출세와 성공을 위한 인간관계 구축에 몰두하며, 인생 최대의 관심사는 생존경쟁에서 살아남아 성공하는 것뿐이다."3

세 번째는 시민으로서 정치적 자유(political liberty)의 상실이다. 그가 말하는 시민으로서의 정치적 자유란 시민으로서 공동으로 대처할 수 있는 능력, 자기 자신의 운명에 대한 정치적 통제력을 의미한다. 테일러에 따르면, 정치적 자유를 상실한 개인은 바람직한 사회를 만들어가기 위한 적극적 참여와 공동의 노력을 하지 않음으로써, 시민으로서의 품위를 잃어버리고 거대한 관료제적 국가체제 앞에서 홀로 남겨진 무기력한 존재로 전락하게 된다.4

개인주의와 도구적 이성이 만연한 현대사회에서 가장 필요한 것은 자기진실성(authenticity)을 통해 자신의 삶에 의미를 부여하는 능력과 윤리적 존재로서 함께 모색해야 할 공동의 가치와 규범을 확보하는 것이다. 불안이 압도하는 현대사회에서 윤리의 문제를 깊이 있게 생각해보는 것은 바로 이러한 맥락에서다.

2. 실천철학으로서의 윤리학

어떻게 행위하는 것이 더 좋은가, 바람직한가, 선한가, 정의로운가? 나는 선하게 살기 위해 왜 애써야 하는가? 이 같은 질문은 도덕적 행위주체(moral agent)인 인간만이 던질 수 있는 질문이다. 그래서 선이야말로 인간만이 가지는 고유한 도덕적 능력이라고 말한다. 과연 인간은 선한 존재인가? 이 물음은 플라톤의 『국가』에 묘사된 당대의 유명한 트라시마코스와 소크라테스가 벌였던 논쟁의 핵심이었다.[5] 트라시마코스가 펼쳤던 논증은 지금 보더라도 강력하다. "선과 의로움(정의)는 삶에 아무런 유익을 가져다주지 않지만, 악과 불의는 삶에 유익함과 행복을 가져다준다. 현실이 이를 증명해준다. 따라서 악은 능력이요, 선은 무능력이다." 현실에 기반한 강력한 주장에 대해 소크라테스는 반대 논증을 펼친다. "전적으로 악하고, 철저히 불의한 사람은 아무 일도 할 수 없다. 우리가 불의한 일을 도모하고자 할 때, 서로간에 신뢰가 없다면 그 어떤 것도 가능하지 않다. 한마디로 악과 불의는 그 자체로 아무것도 수행할 능력이 없다. 악은 무능력하며, 선이 능력이다." 인간의 삶은 철저히 선과 정의에 의해 주도되어야 한다는 소크라테스의 외침은 왜 소크라테스를 윤리학의 시조로 여기는지 잘 증명해준다.

윤리학은 실천적인 학문이다. 여기서 주목할 것은 '실천'이라는 단어다. 실천은 "상황에 처해 있는 인간의 활동성"을 뜻하는 그리스어 프락시스(praxis)에서 유래하였다. 인간은 어떤 상황으로부터 벗어나 그 상황을 조망할 수 있는 신적 존재가 아니다. 따라서 상황에 직면한 인간이 할 수 있는 유일한 것은 숙고를 거듭하여 여러 가능성 가운데서 최선의 선택을 이끌어내는 것이다.[6] 윤리학은 수학과 같이 정답이 존재하는 차원의 학문이 아니라 삶의 전 영역에서 마주치는 여러 가능성 가운데 가장 최선이라 간주되는 것을 선택하고 결정하는 차원의 학문이다. 그래서 아리스토텔레스는 좋은 인간을 도모하는 '윤리학'과 좋은 시민과 바람직한 정치체제를 모색하는 '정치학'이라는 학문을 실천적인 학문으로 분류한 바 있다. 가다머(H.-G. Gadamer)는 실천(praxis)-제작(poiesis) 구분으로부터 실천적 지혜(phronesis)-기술지(techne)를 도출하는 아리스토텔레스의 시도에 대해 다음과 같은 중요성을 부여한다.

> 아리스토텔레스에게서 실천(Praxis)이란 개념은 '이론'(theoria)에 대립해서가 아니라 제작(Herstellen)의 '기술정신'(Kunstgeist)에 대립해서 형식화되었다. 실천이란 개념은 만들 수 있음(Machenkönnen)을 주도하는 지식인 '테크네'와 실천을 주도하는 지식인 '프로네시스' 사이의 구별을 완성시켰다. (…) 만일 실천철학을 현대적 방식으로 행동이론(Handlungstheorie)으로 극단화시킨다면 참으로 위험한 일이다. 행동은 도덕적 결단, 합리적 선택(prohairesis)을 토대로 시작되는 활동이며 실천의 구성요소다. (……) 실천철학은 마치 적용이 모든 실천적 행위의 영역에서 자명하게 지속적으로 이루어지듯이 이론을 실천에 적용하는 것이 아니라, 실천 그 자체의 경험으로부터 생겨난다. 물론 그 실천

의 경험 안에 놓여 있는 이성과 합리성에 의해 가능하다. '실천'은 규칙에 따른 행동이나 지식의 적용이 아니라 전적으로 자연적, 사회적 환경 안에 처해 있는 인간의 근원적인 상황성(Situiertheit)을 의미한다.[7]

가다머가 정확하게 지적하듯이, 잘 행위한다는 것은 주어진 상황에서 최선을 선택을 발견하는 것이다. 최선의 선택을 가능하게 하는 지적 능력은 고정된 상황과 이와 관련된 보편적 지식을 고정값으로 갖는 테크네와는 차원이 다르다. 실천은 우리가 통상적으로 생각하는 '과학적 기술의 적용'이 아니라 삶의 전 영역에서 마주치는 여러 가능성 가운데 선택하고 결정하는 것이며, 언제나 인간의 존재와 관련을 맺는다.[8]

윤리학을 의미하는 영어 단어는 에틱스(Ethics)다. 어원적으로 분석해보면, "관습, 습관, 태도를 의미하는 에토스(ethos)에 관한 이론"을 의미한다. 동서양을 막론하고 윤리, 규범이라는 것은 거역할 수 없는 하늘에서 온 것, 절대 거스를 수 없는 자연적인 것으로 간주하였다. 그러나 시간이 흐르면 흐를수록 사람들은 윤리, 규범, 관습이라는 것은 자연적인 것이 아니라 인간이 만든 노모스(nomos), 즉 규범에 불과하다는 의식을 갖게 된다. 원래 그리스어 노모스는 자신의 목초지와 타인의 목초지의 경계를 침범하면 안 된다는 측면에서의 표지석을 의미했으나, 점점 의미가 진화하여 공공의 이익에 부합하는 최소한의 정의, 규범을 의미하게 된 것이다. 결국 유한한 인간이 만든 하나의 규범이라면, 관습적 규범의 정당성은 시험대에 오르게 될 것이다. '관습적 도덕'에서 '반성적 도덕'으로의 전환이야말로 본격적인 의미에서 윤리학을 성립시킨 원인이라 할 수 있다. 이와 같은 점을 종합해볼 때, 윤리학은 인간 삶에서 부단히 직면하는 도덕적 차원의 문제를 규명하기 위한 원리와 지침을 제공한다. 흔히 윤리학의 핵심과제는 '도덕적 정당화'(moral justification)와 '도덕적 동기화'(moral motivation)에 있다고 한다. 즉 도덕적 행위의 정당성을 입증하는 정당화의 과제, 행위의 지침으로서 실제 우리 행위를 인도할 수 있는 동기화의 과제가 그것이다. 이런 측면에서 윤리학은 도덕의 본질과 정당성에 대한 탐구라 할 수 있다.

인간 삶의 반경은 사실의 세계뿐만 아니라 가치의 세계를 포괄한다. 특히 가치는 척박한 현실을 이겨내 장차 실현될 가능적 세계를 실현하는 원동력이다. 그래서 윤리학은 인간의 삶에서 중요한 가치가 무엇인지, 어떤 가치가 우선시되어야 하는지, 우선시되기 위해서는 어떻게 정당화해야 하는지에 관심을 쏟아왔다. 주지하다시피 인간의 도덕성은 자연적으로 타고난 것만은 아니다. 이것이 바로 인간이 도덕적으로 생각하고, 실천함으로써 자기 자신의 성장을 도모하는 이유일 것이다. 테일러(P. W. Taylor)는 도덕적 성장을 독단주의와 회의주의로부터 벗어나 자신의 도덕적 신념을 철저히 검토하는 과정으로 간주한 바 있다. 그는 다음과 같이 말한다.

독단주의와 회의주의는 철학적 사유의 결과가 아니다. 독단주의는 부모나 사회의 권위에 대한 맹목적인 추종에 의존하고, 회의주의는 지성적인 확신이 파괴되었을 때 생기는 정서적 불안의 반작용이다. 도덕적 성숙의 조건은 자신의 도덕적 신념에 대해서 마음을 열어놓을 수 있는 능력, 즉 개인이 자신의 도덕적 신념이 도전을 받았을 때 이성적인 논의에 의해서 그것을 옹호하고 그리고 거짓되거나 또는 정당화될 수 없을 때에는 이를 포기하는 능력을 가지는 그러한 조건이다. (…) 따라서 도덕적 성장은 개인이 자신의 도덕적 신념에 대해서 이성적으로 추론할 수 있는 능력을 계발할 때 이루어진다.[9]

3. 아리스토텔레스 윤리학의 현실성

아리스토텔레스 윤리학은 규범윤리학 가운데서 덕의 윤리의 기원이다. 도덕적 행위주체(moral agent) 중심의 윤리로서 행위보다는 존재에 초점을 맞춘 윤리다. 존재에 초점을 맞춘 윤리라 해서 인간의 행위가 과소평가되지는 않는다. 덕을 발휘하면서 살아가는 것 자체가 행복한 삶이지만, 이 같은 삶은 현실에서 그렇게 쉽게 실현될 수 있는 것이 아니다. 행위를 통해 노력하면서 습관처럼 굳어져야만 덕의 진정한 발휘가 이루어진다는 측면에서 인간의 행위는 매우 중요하다. 어쨌든 아리스토텔레스 윤리학은 인간의 행위가 존재방식에 의존한다는 측면에서 "어떤 유형의 행동을 하는가"보다는 "어떤 종류의 인간이 되어야 하는가"가 중요하게 부각된다.

이러한 측면에서 그의 윤리학의 핵심은 "우리 존재의 완성, 이른바 성숙한 존재로 나가는 부단한 추구의 과정"이다. 이태수는 아리스토텔레스 윤리학의 특징을 다음과 같이 언급한 바 있다.

인간의 조건을 이루는 여러 제약을 뚫고 좋음을 달성 또는 실현하려고 애쓰면서 어렵게 획득하는 것이 덕이다. 그것은 연마에 연마를 거듭해야 영혼에 착근하여 체득이 되고 드디어 제2의 천성처럼 되는 것이다. 또 덕을 갖추었다고 해서 후대의 일부 덕지상주의자가 생각하듯이 인간이 곧 해탈 득도한 경지에 도달하여 신선과 같은 존재로 완성되는 것도 아니다. 덕에 따라 그때그때 주어진 상황에서 최선의 선택을 통한 행동을 해가며 인생을 경영하는 것이 덕을 갖춘 사람 즉 좋은 또는 훌륭한 사람이 하는 일의 전부다. 그렇게 사는 인생이 모든 면에서 다 좋을 것이라는 보장도 없다. 덕을 갖추어도 어쩌지 못할 나쁜 일도 얼마든지 겪을 수 있다. 다른 윤리학자라고 모를 리 없는 이런 인간 삶의 한계를 아리스토텔레스가 굳이 확실하게 짚어 두는 것을 그가 윤리적인 문제를 다루면서 인간의 구체적 삶에서 내내 시선을 떼지 않겠다는 뜻의 표명으로 해석해도 좋을 것이다.[10]

아리스토텔레스의 윤리학은 현실에 뿌리박은 도덕성을 지향한다. 인간의 덕성은 지속적인 노력(orexis)과 습관화(hexis)를 통해 이루어진다는 점, 특별한 행위지침을 포함하는 규칙이나 원칙으로 고정화되는 것을 거부하고, 상황에 부합하는 최선의 선택과 행위를 지향한다는 점, 무엇보다 유한한 인간의 현실적 삶에 주목하고 있다는 점이다. 그의 윤리학은 목적론적 구도 속에서 인간의 자기실현을 통해 인간다운 삶을 영위하려는 최선의 시도에서 나왔다. 또한 아리스토텔레스 윤리학은 광범위한 맥락에서 철학의 지속가능성과 연계되어 있다. 대부분의 철학적 주제가 과학적 탐구의 주제가 되면서 철학의 정체성이 끊임없이 제기되는 위기 국면에서 그의 윤리학은 실천적 측면에서의 철학의 사명, 즉 '삶의 실천적 과제를 위한 철학'의 중요성을 환기시켜 주었다. 이는 '고립적인 나'에서 '공존하는 우리'로 철학적 관심을 확장시킬 때만 가능하다. 이런 측면에서 아리스토텔레스가 지향하는 성숙한 인간의 중심에는 타인과의 공존을 모색하는 연대성이 자리잡고 있다. 인간의 유한성을 진지하게 고려하면서 인간 성숙의 길을 꾸준히 모색하는 아리스토텔레스 윤리학을 세 가지 주요 개념, 즉 행복, 합리적 선택, 실천적 지혜를 중심으로 살펴본다.

(1) 배움과 노력의 산물로서의 행복

가장 곁에 두고 싶은 단어, 정의(定意)보다는 설명이나 기술이 훨씬 손쉬운 단어, 바로 행복이다. 현실의 절망이 깊을수록 행복에 대한 갈망은 더욱 간절하기 마련이다. 단적으로 우리 모두는 행복을 원하지 불행을 바라지 않는다. 그래서 많은 사람들은 행복을 인생의 중대한 목표로 삼고 그 목표에 도달하기 위해 열심히 노력한다. 롤즈는 인간의 행복에 대해 흥미로운 언급을 한 적이 있다.

> 일정한 제한 아래서 사람은 (다소) 유리한 조건 아래 설계된 합리적 인
> 생 계획을 (다소) 성공적으로 실현하는 과정에 있을 경우 행복하며 또
> 한 그는 자신의 의도가 성취될 수 있다는 합당한 신념을 갖게 된다.
> 그래서 우리는 우리의 합리적 계획이 잘 진행되고 보다 중요한 목적이
> 성취될 경우 행복하며 행운이 지속되리라는 합당한 신념을 갖게 된다.
> 행복의 성취는 여건 및 운세, 따라서 유리한 조건에 대한 설명에 달려
> 있다.[11]

합리적 인생계획과 이에 부합하는 실행능력, 외적인 행운과 내
적 만족이 롤즈의 행복을 구성하는 핵심요소다. 롤즈의 행복에 대
한 정의는 그리 낯선 것이 아니다. 전통적으로 행복은 외적 운과
내적 만족의 두 가지 요소를 지니고 있기 때문이다. 이런 측면에서
아리스토텔레스의 행복 개념은 독특한 위상을 지닌다. 그의 행복
개념에는 외적 운과 내적 만족의 결합보다는 자기 역량의 온전한
발휘로서 자기실현의 역동적 과정이 강조되기 때문이다.

아리스토텔레스의 행복론은 행복에 대한 통념(endoxa)에서 출
발하여, 행복한 삶의 유형과 조건을 철저히 검토한 후 행복을 정의
내리는 일종의 우회적인 방식을 취한다. 우선 그는 행복한 삶의 통
상적인 유형을 검토한다. '향락적 삶'은 동물의 삶이자 노예의 삶이
기에, '돈을 버는 삶'은 강제된 삶이기에, '정치적 삶'은 명예를 중

시하나, 명예를 받는 사람보다 명예를 수여하는 사람에게 의존하기에 궁극적 목적으로서의 행복에 부합하지 않는다.[12] 우리가 추구하는 행복은 다음과 같은 자격을 갖추어야 한다. 첫째, 성취가능성이다. 인간의 행동으로 성취할 수 있거나 도달할 수 있어야 한다는 것이다. 둘째 완전성이다. 행복 자체가 완전한 목적이 되어야 한다는 것이다. 셋째, 자족성이다. 더 이상 좋아질 수 없을 정도로 모든 것을 완벽하게 충족한 상태를 갖추어야 한다는 것이다.[13] 아리스토텔레스의 기능논증(function argument)에 따르면, 인간이야말로 동식물이 갖고 있지 않은 자신만의 고유한 기능, 즉 영혼의 이성적 기능(이성적 사고와 실천 능력)을 갖고 있으며, 행복은 이러한 영혼의 이성적 기능을 지적 탁월성(사유의 덕, dianoetike arete)과 성격적 탁월성(품성적 덕, ethike arete)에 따라 온전히 발휘하는 것에 있다. 즉 행복이란 탁월성(덕)에 부합하는 영혼의 활동이며, 이러한 활동 가운데서 인간은 즐거움(hedone)을 얻는다.[14]

아리스토텔레스 행복론의 특징은 행복을 성취하는 방법에서 명시적으로 드러난다. 그에 따르면, 위대하고 고귀한 행복은 신의 선물도, 우연의 산물도 아닌 배움과 노력의 산물이다.[15] 특히 행복을 인간의 운명의 관점에서 보면 행복에 대한 적절한 판단이 불가능하기에 행복을 철저하게 덕스러운 활동에 초점을 맞추어야 한다. 즉 행복은 덕스러운 활동을 지속적으로 영위하는 데서 확보된다는 것이다. 결국 아리스토텔레스에게서 행복한 사람이란, 인생에서 마주치는 운명을 잘 헤쳐나가고, 내적 견고함을 통해 흔들리지 않고, 일생 전체를 덕스럽게 살아가는 사람이다.[16] 또한 아리스토텔레스의 행복론은 다분히 인간적이다. 행복을 인간 자신의 노력으로 실현할 수 있다는 강한 믿음이 전제되어 있기 때문이다. 이성의 관조적 활동이 가장 이상적인 행복이지만, 관계적 존재로서의 인간이 주어진 여건에서 이룰 수 있는 최선이자 차선의 행복은 삶의 전 영역에서 성격적 탁월성을 구현하는 삶이다. 아리스토텔레스 윤리학의 전체적 구도 아래서 결국 그의 행복론을 배타적 관점이 아니라 포괄적 관점에서 보아야 하는 것도 바로 이 때문이다.

(2) 바람직한 삶을 이끄는 합리적 선택

모든 선택과 결정은 도박에 가깝다. 최후의 선택과 결정이란 언제나 마음을 복잡하게 만들고, '아직 겪어보지 못한 것'의 두려움을 혼자 떠안아야 하는 힘겨운 과정이다. 다른 한편으로는 최후의 선택과 결정에는 위험과 기회[위기]의 가능성이 가져다주는 묘한 스릴도 존재한다. 루비콘 요소(Rubicon Factor)라는 말이 있다. 액셀로드에 따르면, 루비콘 요소를 가진 사람은 고도의 위험을 감수하는 결정을 내리며, 무엇보다도 자신이 내린 결정에 따라 행동에 착수한다. 한마디로 루비콘 요소는 우리로 하여금 장애와 난관을 정면으로 돌파하게 하는 동시에 초지일관 그렇게 할 수 있도록 몰아치는 힘이다. 일례로, "주사위는 던져졌다"라는 말과 함께 루비콘 강을 건넌 카이사르의 결정은 로마제국의 역사를 바꾼 엄청난 결과를 낳았다. 역사 속의 위대한 결정에는 커다란 위험이 수반되는 여러 대안 중 하나를 선택하고, 이를 과감히 행동으로 옮겼다는 점에 그 특징이 있다.[17] 한마디로 위대한 사람이기 때문에 위대한 결정을 내린 것이 아니라, 숱한 선택의 가능성 사이에서 내린 힘든 결정이 그들을 빛나게 만들었다고 볼 수 있다. 우리는 살아가면서 무수한 선택의 순간에 직면한다. 그리고 사소한 선택에서부터 삶의 지형을 바꿀만한 중대한 선택의 기로에 서서 결정하고 행동한다. 세상을 살아가면서 내리는 가치평가와 이에 대한 선택과 행동은 인간에게 공통된 존재양식이라 할 수 있으며, 이것이야말로 동물과 인간을 결정적으로 구분하는 특징이라 할 수 있다.

아리스토텔레스는 어떤 선택을 하는가가 한 행위자의 품성을 드러내주는 결정적인 지표라고 본다.[18] 이런 측면에서 '합리적 선택'(prohairresis)은 그의 윤리학의 핵심 개념이다. 그는 우선 합리적 선택을 "덕(탁월성)과 밀접하게 연결되어 있으며, 인간의 행위보다 인간의 품성에 더 좋은 가이드"라고 말하면서 합리적 선택의 특성을 자세히 규명한다. 합리적 선택은 자제력 없는 사람이 지니는 욕망이 아니고, 분노는 더더욱 아니다. 또한 합리적 선택은 불가능한 것을 꿈꾸고 스스로 이룰 수 없는 것도 바라는 단순한 차원의 소망(boulesis)도, 참과 거짓에 초점을 맞춘 의견(doxa)도 아니다.[19] 합리적 선택은 좋고 나쁨에 연관되어 있는 이성적 숙고를 의미한다. 즉 합리적 선택은 실천적인 영역에서 이성적 존재로서의 인간이 자신의 본성을 실현하는 활동이다.

합리적 선택을 좀더 명확하게 이해하기 위해서는 인간 행위와 연관된 욕구(orexis) 개념을 살펴볼 필요가 있다. 아리스토텔레스는 욕구를 크게 세 가지로 분류한다. 첫 번째는 욕망(epithumia)으로서, 육체적 쾌락의 대상을 향한 욕구를 의미하고, 두 번째는 분노(thymos)로서 자신에게 가해진 위해, 혹은 부당한 취급 등에 대한 공격적 반응을 의미하며, 세 번째는 소망(boulesis)으로서 이성작용으로부터 유래하는 욕구다. 소망은 오직 인간에게만 발견되는 욕구로서 합리적 선택이 설정한 목적에 대한 소망이다. 쉽게 설명하자면, 행위자가 어떤 대상을 좋은 것이라고 판단함을 통해 발생하는 욕구다. 합리적 선택은 본성상 하나의 목적과 그 목적을 어떻게 하면 주어진 상황에서 구체적 행위로 성취할 수 있을까에 대한 숙고로 이루어진다. 즉 합리적 선택은 어떤 목적을 이루기 위한 숙고(bouleusis)의 결과로 가지는 욕구라 할 수 있다.[20]

주지하다시피 아리스토텔레스는 인간의 영혼을 이성적 부분과 비이성적 부분으로 나누고 다시 이성적 부분을 '인식 기능과 대상 사이의 유사성'에 따라 '학문적 인식의 부분'(epistēmonikon)과 '이성적으로 헤아리는 부분'(logistikon)으로 나눈 바 있다.[21] 바로 후자의 영역이 "정해진 목적에 대한 최적의 수단을 헤아린다"는 뜻을 지닌 숙고의 영역이다. 아리스토텔레스에 따르면, 인간의 실천이나 행위를 지배하는 것은 지성만이 아니라 지성과 욕구 두 가지다. "합리적 선택은 욕구적 지성(orektikos nous)이거나 사유적 욕구(dianoētikē orexis)이고, 그러한 행위의 원리는 인간이다"[22]라는 그의 언급은 이를 잘 뒷받침해준다. 한마디로 인간은 실천의 영역에서 이성과 욕구가 동반된 합리적 선택을 통해 자신의 본성을 실현해나가는 것이다.

아리스토텔레스는 훌륭한 품성을 가진 사람에게만 올바른 목적, 추구할 만한 가치가 있는 목적이 보인다고 강조한다. 훌륭한 품성을 지닌 사람은 단순한 목적만을 설정하는 데 그치지 않고, 과연 그 목적을 실현하기 위해 주어진 상황에서 무엇을 할 것인가를 숙고하고, 이러한 과정을 거친 후에야 비로소 실현가능한 소망의 대상을 구체적으로 확정짓는다. 결국 가치 있는 것에 대한 실천적 판단은 습관화를 통해 훌륭한 품성을 갖춘 사람에게만 가능한 것이다.

(3) 성숙한 인간을 길러내는 실천적 지혜

그리스의 서사문학과 비극 작품에 나타난 탁월성은 인간 이해의 중요한 실마리를 제공한다. 특히 탁월성을 이야기할 때면 우리는 영웅을 떠올린다. 수많은 시련과 난관을 극복하고 진정한 영웅으로 거듭나는 과정은 후천적 노력을 통해 탁월성을 이루어냈다는 점에서 아리스토텔레스의 탁월성의 정의에 부합한다. 일례로, 『오이디푸스왕』의 주인공 오이디푸스는 '세상의 고통을 대신 짐진자'로서 시민의 고통을 자기 자신의 고통과 동일시하는 도덕적 자질을 지니고 있으며, 예리한 통찰(지성), 남다른 연민(감정), 강한 추진력(의지)을 지닌 영웅으로 묘사되어 있다.[23] 운명을 벗어나기 위한 치열한 노력 속에서 맞이하는 주인공의 비극적 슬픔은 운명 앞에 자기 자신을 쉽게 굴복시키는 사람으로서는 도저히 도달하기 어려운 인간에 대한 깊은 통찰을 보여준다. 또한『오뒷세이아』의 주인공 오뒷세우스는 아리스토텔레스가 말하는 실천적 지혜를 지닌 영웅으로 묘사되어 있다. 오디세우스는 귀향이라는 궁극적 목적을 위해 온갖 모험과 시련을 견뎌내었고, 목적 달성을 위해 최선의 수단을 찾는 일에 탁월했으며, 목적 실현을 위해 감정을 통제하는 데 탁월한 능력을 가진 존재로 묘사되어 있다.[24] 우리는 오이디푸스와 오뒷세우스를 통해 인간의 유한성에 대한 심원한 통찰력과 삶의 실천적 지혜가 영웅적 탁월성을 구성하는 요소임을 알 수 있다.

아리스토텔레스 윤리학에서 가장 중요한 개념인 프로네시스는 개념사적 측면에서 '인간에게 요구되는 지혜'라는 일상적 의미에서 출발하여, 소크라테스, 플라톤을 통해 '이론과 실천의 맥락 모두를 포괄하는 지적 능력'으로 철학적 의미를 획득하였고,[25] 아리스토텔레스에 와서 실천적 의미의 지혜로 확고하게 자리잡은 개념이다.

우선 아리스토텔레스의 프로네시스를 이해하기 위해서는 프로네시스와 가장 밀접한 관련성을 지니는 성격적 탁월성을 살펴보는 것이 필요하다. 주지하다시피 아리스토텔레스는 탁월성(덕)을 두 가지로 구분한다. 일부는 타고난 본성에서 기원하지만 주로 가르침에 의해 함양될 수 있는 지적 탁월성(사유의 덕)과 습관의 결과로 생겨나는 성격적 탁월성(품성적 덕)이 그것이다.[26] 성격적 탁월성은 능력(dynamis)이 먼저고, 발휘하는 활동(energeia)이 나중인 '본성적 으로 생겨나는 것'과는 반대로, 발휘하는 활동이 먼저고 능력이 나중인 것이 특징이다. 쉽게 설명하자면 정의로운 행위를, 절제 있는 일들을 지속적으로 수행함으로써 정의로운 사람, 자제력 있는 사람이 되는 것이다.[27] 물론 아리스토텔레스의 이러한 생각은 강력한 반론에 부딪힌다. "만일 정의로운 일을 행하고 절제 있는 일들을 행한다면, 이미 정의로운 사람이며, 절제 있는 사람 아닌가? 기예(techne)의 경우 문법에 맞는 일을 행하고, 음악적인 일을 행하면, 이미 문법가이고 음악가이듯이 말이다."[28] 아리스토텔레스의 재반론은 확고하다. 문법가가 문법에 맞는 어떤 행동을 한다면, 문법에 대한 지식에 따라 행동하는 것이다. 결국 문법에 대한 지식 여부가 중요한 것이다. 하지만 덕의 경우는 차원이 다르다. 행위주체인 인간은 행위를 할 때 세 가지 조건, 즉 지식, 합리적 선택, 단호하고 흔들리지 않는 성품을 갖추어야 한다. 앞에 언급했듯이 기예의 유일한 조건이 첫 번째 조건인 지식이라면, 덕의 경우에는 지식은 거의 중요성을 가지지 못하거나 전혀 가지지 못하는 반면, 합리적 선택과 단호하고 흔들리지 않는 성품은 중요한 역할을 한다. 즉 고정된 성질을 지닌 지식보다는 선택과 성품에 부합하여 행위를 할 때 덕스러운 사람에 가까워질 수 있는 것이다. 정의로운 인간이 되기 위해 정의로운 행동을 하는 데 익숙해져야 한다는 그의 언급은 이런 맥락에서 이해할 수 있다.[29] 아리스토텔레스에 의하면, 성격적 탁월성은 즐거움과 고통을 동반하는 감정이 아니고, 감정들을 경험할 수 있는 능력도 아니며 감정들에 대해 우리가 취하는 태도, 품성상태(hexis, states of character)다. 아리스토텔레스는 다음과 같이 말한다.

> 덕(탁월성)은 올바른 이성에 따른(kata) 품성상태일 뿐만 아니라, 올바른 이성을 동반한(meta) 품성상태이기도 하기 때문이다. 또 이런 것들에 관한 올바른 이성이란 실천적 지혜이다. 그래서 탁월성이 이성이라고 생각했던 반면(그에게서는 모든 덕이 지식이었으니까), 우리는 덕이 이성을 동반하는 것이라고 생각하는 것이다.[30]

이 지문은 소크라테스의 지덕합일 논제를 강하게 비판하는 부분이며, 프로네시스 개념이 확실하게 부각되는 부분이다.[31] 아리스토텔레스에 따르면, 성격적 탁월성은 지적 탁월성과 동일하지 않다. 성격적 탁월성은 올바른 이성(orthos logos), 즉 실천적 지혜를 동반할 뿐 올바른 이성과 동일시될 수 없다는 것이다. 아리스토텔레스가 『니코마코스 윤리학』 제 6권에서 사유의 덕을 기능적인 측면에서 철학적 지혜(sophia), 학문적 인식(episteme), 직관적 지성(nous), 실천적 지혜(phronesis), 기예(techne)로 정교하게 구분한 이유도 바로 여기에 있다.

프로네시스는 덕스러운 행위를 이끄는 지적 능력으로 '인간적인 것들', '다른 방식으로 있을 수 있는 것들', '개별적인 것'들에 관계하여 선한 삶을 촉진하며, "자기 자신에게 좋은 것이 무엇인지에 대해 훌륭하게 살피고 생각할 수 있는 능력"이다. 아리스토텔레스는 특히 인간의 품성을 자연적인 덕(physike arete)과 살아가면서 갖추어야 할 엄밀한 의미에서의 덕(kyria arete)으로 구분하면서, 후자의 덕을 갖추기 위해서는 실천적 지혜가 반드시 필요함을 강조하고 있다. 일례로 어떤 사람이 용감하지만 무절제하다는 이야기는 자연적인 덕의 측면에서는 가능하지만, 후자의 덕의 측면에서는 불가능하다. 실천적 지혜를 갖춘 사람은 모든 덕목을 다 갖추었기 때문이다. 한마디로 자연적 소질로서 덕(탁월성)이 완성되기 위해서는 실천적 지혜가 반드시 필요하다는 의미다. 실천적 지혜 없이는 좋은 사람이 될 수 없고, 성격적 탁월성 없이는 실천적 지혜를 가진 사람이 될 수 없다고 이야기하듯이, 성격적 탁월성과 실천적 지혜는 상호의존적 관계를 형성하고 있다.[32]

또 한 가지 주목할 점은 프로네시스가 개인적 덕목의 차원을 넘어서 공동체(koinoia)의 차원까지 확장될 만큼 그 적용범위가 넓다는 점이다. 아리스토텔레스가 행복의 자족성(autarkeia)을 설명할 때 "인간은 본성상 폴리스적 동물"[33]이라고 말했듯이, 프로네시스 역시 한 개인의 삶에 국한되는 개념이 아니라 폴리스까지 그 영역이 확대될 수 있는 개념이다. 그래서 그는 가족 단위에 적용된 프로네시스를 '가정경영'(oikonomia), 정치체제(politeia)에 적용된 프로네시스를 '입법'(nomothesia), '정치술'(politikē)이라고 부르고 있다.[34] 아리스토텔레스에게서 윤리학과 정치학의 밀접한 관계를 떠올린다면,[35] 이러한 프로네시스 개념의 확장은 낯선 것이 아니다. 한 개인의 잘됨이 가정경제나 정치체제를 떠나서는 가능하지 않다는 점, 다시 말해 폴리스를 떠나서 인간의 본성이 완성될 수 없다는 그의 주장은 공동체 속에서 사시하는 실천적 지혜의 중요성을 명백하게 보여준다.[36]

물론 아리스토텔레스는 관조적 삶이 실천적 삶보다 우위에 있음을 명시적으로 밝힌 바 있다. 사실상 완전한 행복(teleia eudaimonia)은 모든 사회적 관계로부터 자유로운 위치에서 세상만물을 관조하는 것이다. 그럼에도 아리스토텔레스 윤리학의 구도에서 실천적 지혜와 인간적 행복의 중요성은 절대 감소되지 않는다. 아리스토텔레스의 진정한 의도는 이론적 삶과 실천적 삶이 총체적으로 이루어질 때 성숙한 인간, 보다 완성된 인간으로 될 수 있다는 점에 있기 때문이다. 마치 동굴 밖으로 나가 태양을 본 죄수가 동료 구제를 위해 다시 동굴 안으로 내려가는 것이야말로 인간 본성의 진정한 실현이라고 생각하는 플라톤의 입장과 크게 다르지 않다.[37] 삶이란 인간 각자의 가능성을 이론적 삶과 실천적 삶에서 최대한 구현하는 일이다.

제1부

트랜스휴머니즘과 아리스토텔레스 윤리학

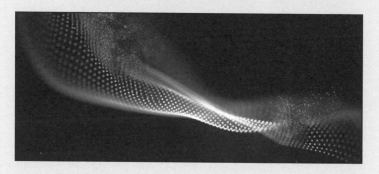

제1부는 트랜스휴머니즘과 아리스토텔레스 윤리학을 다룬다. 과학기술의 진보는 거스를 수 없는 대세가 될 것이고, 이에 따라 인간 탐색의 시도는 더욱 심화되고 확장되어야 할 것이다. 뿐만 아니라 인간 종(種)의 범주를 호모 사피엔스에서 호모 테크니쿠스로 확장시키려는 트랜스휴머니즘의 잠재적 시나리오 역시 정교한 검토가 이루어져야 할 것이다. 이러한 필요성에 따라 1부는 인간향상기술을 아리스토텔레스 윤리학의 관점에서 검토하면서 향상(enhancement)을 적극적으로 추진하는 방식에 깃들어 있는 과도한 욕망을 추적한다. 또한 과학기술을 통해 인간의 도덕적 진보를 이끌어내려는 트랜스휴머니즘의 기획을 덕윤리적 관점에서 비판적으로 검토하고, 트랜스휴머니즘의 도덕성 향상 프로젝트를 다루면서 기술적 수단을 통해 확보된 행복이 진정한 행복인가의 문제를 검토한다. 나아가 포스트휴먼을 향한 추구가 인간 존엄성의 이해에 어떤 변화를 노출하는지, 나아가 향상된 포스트휴먼은 존엄성을 갖춘 존재로 간주해야 하는지를 다루어볼 것이다.

제1장
도덕성 향상과 덕의 윤리[1]

1. 도덕성 향상 기획, 어떻게 볼 것인가?

하루가 다르게 발전하고 있는 첨단 과학기술은 우리를 놀라게 한다. 그렇지만 그 '놀라움'은 근대 과학기술과는 전혀 다른 방향으로 작동한다. 《워싱턴포스트》지(誌)의 기자였던 조엘 가로(J. Garreau)는 『급진적 진화』라는 책에서 이렇게 이야기한 바 있다.

우리는 지금 역사의 변곡점을 지나고 있다. 지난 수천 년 동안 우리의 기술은 바깥세계를 겨냥했다. 우리를 둘러싼 환경을 바꾸고자 했던 것이다. 불의 사용이나 옷의 발명에서 보듯 우리는 먼저 외부의 요소들로부터 몸을 보호할 방법을 찾았다. 농업의 발달과 더불어 우리는 식량생산을 통제할 수 있었다. 또한 도시를 지어서 안전을 도모했다. 전화와 비행기가 거리의 벽을 무너뜨렸다. 항생제가 치명적 미생물의 공격을 저지했다. 그러나 이제 우리는 '우리의 기술을 바로 우리 자신의 내부로 돌리는 전면적 절차'를 밟고 있다. (…) 새로운 미개척지는 바로 우리 자신이다.[2]

가로가 적절히 지적하듯이, 바깥 세계의 정복을 마친 첨단 과학기술은 이제 마지막 미개척지인 인간 자신 쪽으로 무섭게 질주하고 있는 형국이다. 나노테크놀로지, 생명공학기술, 정보과학기술, 인지과학, 로봇공학으로 대표되는 신생기술들(emerging technologies)은 교육과 연구, 응용 및 개발의 과정 속에서 융합되어, 명실상부한 인간을 향한 기술로 무섭게 발전하고 있는 것이다. 결국 이러한 신생기술들의 최종 목표는 인간 신체와 정신을 확장하고 향상시킨다는 측면에서 인간 조건을 새롭게 디자인 하는 것 (redesigning the human condition), 즉 인간 종 자체의 변화에 초점을 맞추고 있다고 할 수 있다.

　이러한 신생 기술에 대한 낙관적 전망은 트랜스휴머니즘 (transhumanism)이라는 사상에 집약되어 있다.[3] 한마디로 트랜스휴머니즘은 과학기술을 통해 인간이 생물학적 한계로부터 완전히 해방될 수 있다는 주장이다. 결국 포스트휴먼으로의 '진화'는 기술혁신을 통해 인간 본성의 견고한 성을 무너뜨릴 수 있다는 자신감에서 출발하는 것이다. 과학기술은 우리의 삶의 방식을 근본적으로 바꾸어놓을 것이며, 인간 본성의 불변성을 기초로 지금까지 인류가 보편적으로 추구했던 가치들 역시 이전과는 전혀 다른 맥락에서 논의가 이루어질 것이다. 사실 우리를 가장 우려와 불안으로 몰아넣는 것은 첨단 과학기술은 인간의 도덕성보다 훨씬 더 빠른 속도로 발전하고 있다는 점이다. 첨단 과학기술 시대에 인간 가치에 대한 진지한 성찰이 필요한 것도 이 때문이다.

그러나 페르손과 사불레스쿠 같은 트랜스휴머니스트들은 인간 도덕성에 대한 새로운 접근을 시도하고 있다. 한마디로 과학기술의 혁신의 범주 안에 인간의 도덕성까지 포함시켜 일종의 도덕공학(moral engineering)을 시도하고 있는 것이다. 그들은 첨단기술사회에서 우리의 도덕성은 기술의 진보에 비례하여 발전하지 못하고 있다고 진단하는 가운데, 과학기술의 위험성을 해결할 수 있는 방책은 인간의 도덕적 진보(moral improvement)이며, 이것이야말로 우리 시대 최대의 현안문제라고 밝힌 바 있다.[4] 문제는 기술 진보를 통해 인간의 도덕성 향상, 즉 '좀더 도덕적으로 나은' 인간을 가능하게 만든다는 점이다. 인간의 도덕성 향상과 관련하여 전통적 기획과는 전혀 다른 차원의 기획을 우리는 어떻게 보아야 하는가?

이 장의 문제의식은 바로 여기서 출발한다. 이른바 향상 프로젝트(enhancing project)가 겨냥하는 인간 도덕성의 핵심은 무엇이며, 이 도덕성 향상은 어떤 한계가 있는지 면밀히 살펴보는 것이다. 트랜스휴머니스트들은 도덕성 향상의 장소는 감정이며, 따라서 신경기술을 통한 감정의 조작(통제)이 향상 프로젝트의 핵심이라고 밝힌다. 주지하다시피, 인간의 도덕성은 쉽게 형성되지 않는다. 인간은 도덕적 행위주체로서 자신이 가지는 잠재적 능력을 실천적 삶을 통해 실현해나가기 때문이다.

결국 첨단과학기술이 지향하는 향상이 인간의 도덕성에도 적용될 수 있다는 주장에서 가장 쟁점이 되는 부분은 도덕적 행위주체의 자율성과 그 주체가 펼쳐낼 수 있는 능력을 어떻게 평가할 것인가이다. 신경기술을 통한 도덕성 향상이 인간의 도덕적 행위능력에 대한 심각한 도전이라고 한다면, 이러한 도전에 대한 확실한 비판은 어떤 이론적 틀거리와 내용을 기반으로 해야 하는가? 이 장은 그 비판의 출처로 아리스토텔레스 윤리학과 매킨타이어의 덕윤리를 선택할 것이다. 우선 아리스토텔레스가 『니코마코스 윤리학』 6권에서 밝힌 '사유적 욕구' 혹은 '욕구적 지성'이라는 핵심 개념에 주목하여, 도덕판단에서 감정의 중요성과 역할에 초점을 맞추고 있는 신경과학 연구의 동향이 일면적 주장임을 논증할 것이다. 나아가 정서주의에 대한 매킨타이어의 핵심 비판을 적용하여 신경기술을 통한 도덕성 향상의 핵심 전제, 이른바 인간의 감정에 대한 완벽한 조작가능성의 한계가 무엇인지 찾아볼 것이다.

첨단 과학기술은 인간의 도덕성보다 더 큰 진전을 이루고 있다. 치료와 향상의 경계선이 불분명한 상황에서 특히 신경과학기술의 활용과 관련하여 윤리적 한계 설정은 그만큼 중요해지고 있다. 인간의 도덕성을 향상시킬 수 있는 진정한 방식이 무엇인가에 대해 정교한 접근이 필요한 것도 이 때문이다.

2. 도덕성과 신경기술

도덕성 향상을 표방하는 신경기술은 뇌공학(brain engineering),
도덕공학(moral engineering) 같은 신소어를 낳으면서 빠르게 변화
하고 있다. 신경기술을 통한 도덕성 향상은 그 기술 자체가 현재진
행형이기 때문에 완벽하게 가늠하고 평가하기는 어렵다. 그럼에도
이러한 기술이 '치료를 넘어서는'(extra-therapeutic) 향상의 영역에
서 적용될 수 있는 가능성을 찾는 것은 어렵지 않다. 예를 들어, 최
근의 신경과학기술은 뇌 간섭(brain intervention)을 통해 전통적인
인간 조건의 한계를 넘어설 수 있는 가능성을 보여주고 있다. 무
엇보다 공감 능력, 연대성, 이타성, 공정성, 용서, 감사 등 인간의
대표적 덕목들이 과학기술을 통해 향상됨으로써 도덕적으로 좀더
나은 인간이 될 수 있다는 희망은 '도덕적 트랜스휴머니즘'(moral
transhumanism)으로 구체화되고 있다.

페르손과 사불레스크는 전통적인 도덕 교육의 한계를 지적하
면서, 신경기술을 통한 도덕적 진보의 가능성이야말로 인간이 생
물학적 인간의 한계를 벗어나 진정한 인간, 즉 트랜스휴먼, 나아
가 포스트휴먼으로 자리매김할 수 있는 기회이며, 나아가 첨단 과
학기술의 오용가능성을 방지할 수 있는 최적의 방법이라고 역설
한다.[5] 다시 말해 첨단 과학기술의 세계에서 우리의 도덕성이 그
에 비례하지 못한다면 매우 심각한 문제를 초래할 것이며, 이러한
문제를 해결하기 위해서는 과학기술을 더욱 발전시켜야 하고, 그

중 가장 대표적인 해결책은 바로 '도덕성 향상'이라는 것이다. 그들이 도덕성 향상 프로젝트를 매우 중요하게 여기는 이유는, 도덕적 개선 없이는 과학기술, 특히 생명의료기술의 발전은 전지구적 불공정성의 확대를 초래하기 때문이다. 일례로 획기적인 생명연장의 기술이 나오게 된다면, 그 기술은 선진국에 사는 사람들의 생명을 연장하는 데 사용될 것이기 때문이다. 어쨌든 '도덕성 향상'의 가장 전통적이고, 유력한 방법인 교육은 지금의 현안문제를 해결하기에는 한계가 있으며, 결국 첨단 과학기술이 도덕성 향상을 가져올 수 있는 가능성에 대해 유연한 태도를 지녀야 한다는 것이 그들의 핵심 주장이다. 일례로 "기술과학적 수단을 통한 행복에의 도달, 감정에 대한 전적인 통제, 인간 인격의 개선"은 신경기술을 통해 도덕성 향상을 도모하려는 트랜스휴머니즘의 대표적 슬로건이다. 예를 들어 제임스 휴즈는 이렇게 말한다.

> 우리가 기술을 꺼내드는 목적 가운데 하나는 자기선택적 도덕적 코드와 시민적 의무를 수행하는 데 도움을 주기 위함이다. 예를 들어, 우리는 원치 않는 욕망들을 억누를 수 있으며, 동정심과 공감 능력을 고양시킬 수 있으며, 우리의 사회세계와 행위들의 결과에 대한 우리들의 이해를 확장시킬 수 있다.[6]

휴즈의 언급에서도 볼 수 있듯이 트랜스휴머니즘을 주장하는 사람들은 도덕성 향상을 위한 신경기술의 사용에 대해 매우 낙관적인 전망을 펼치는 것을 알 수 있다. 여기서 중요한 것은 감정들을 조작하기 위한 신경기술의 발전이 기술적 수단을 통해 인간 행동을 통제할 수 있는 가능성을 암시한다는 점이다.

대표적인 예를 들어보면 다음과 같다. 뇌에서 신경조절물질로 작용하며, 포유동물에서 나타나는 호르몬인 옥시토신(oxytocin)은 자식을 보호하고 키우는 모성행동, 신뢰, 친사회적 행동을 증진시키는 데 관련성이 있고, 선택세로토닌재흡수 억제제(selective serotonin reabsorption inhibitor, SSRI)는 공포, 적개심 같은 부정적 감정을 경감시키고, 사회적 상호작용과 협동심을 증가시키는 것으로 알려져 있다.[7] 또한 도덕적 결정과 관련된 뇌 영역을 자극하는 신경기술, 예를 들어 뇌를 리셋(초기화)시키는 것과 같은 전기충격을 사용한 뇌 자극 기술, 미주신경 자극과 같은 기술은 '보통사람들보다 더 도덕적인 공학자'가 될 수 있게 해주며, 도덕적으로 모자란 사람들, 예를 들어 사이코패스나 투옥된 범죄자들을 교정하는 데 도움이 된다는 것이다.[8]

또한 뇌영상(Neuroimaging) 기술들은 뇌의 인지적, 정서적 과정을 향상시킬 수 있는 가능성을 열어놓고 있다. 신경촬영 기술과 두뇌컴퓨터인터페이스(BCI)의 출현은 정서장애와 반사회적 행동에 의해 특징지어지는 성격 장애와 같은 정신병을 치료하는 데 유용하게 활용될 수 있는 가능성을 제공한다. 실제로, 기능적 자기공명영상(fMRI) 기술은 피드백 메커니즘을 통하여 특수한 뇌 부위를 의도대로 콘트롤하거나 활성화하는 것이 가능하게 만들었다. 이러한 기술은 뇌졸증 재활, 만성통증, 정서장애(우울증, 불안, 외상 후 장애)와 정신병에 대한 대안적 치료를 제공할 수 있으며, 사이코패스의 뇌 영역을 통제하는 데 사용될 수 있는 실시간 자기공명영상 기술도 나오고 있는 추세다.[9]

3. 도덕성 조작의 난점들: 도덕판단의 프레임워크

도덕성 향상과 관련한 트랜스휴머니즘의 주장에는 "도덕적 권위의 수원지가 이성적 추리가 아니라 감정이다"라는 전제가 담겨있다. 즉 기술적 수단을 사용하여 인간 행동을 통제, 조작할 수 있다면, 그 조작의 초점은 도덕적 감정이지, 이성이 아니라는 것이다.[10] 일례로 하이트(J. Haidt)는 도덕적 추리를 하나의 부수현상(epiphenomenon)으로 간주한다. 최근의 신경과학에서 이루어진 성과들은 도덕판단에서 차지하는 추리의 우월성을 의심할만한 뚜렷한 증거를 보여준다는 것이다. 그래서 그는 도덕적 추리보다 감정이 도덕적 행위와 더 밀접한 관련을 가지며, 추리과정은 일종의 사후 정당화에 불과하다고 말한다.[11] 이러한 감정 모형(emotion model)은 감정을 도덕적인 의사결정이나 행위를 수행하는 데 필수적인 요소로 간주한다. 이는 도덕적 판단이 이성적이고 합리적인 숙고과정을 통해 내려진다는 전통적인 이성 모형(reson model)의 견해를 뒤집는 것이다.[12]

트랜스휴머니스트들의 주장대로, 감정의 조작을 통해 도덕성 향상이 이루어진다고 가정할 때, 이때 향상되는 '도덕성'은 무엇을 의미하는가? 분노, 수치, 죄책감, 당혹스러움, 혐오감과 같은 감정들이 통제됨으로써, 한 사람의 행동이 변한다고 할 때, 그 사람의 도덕성이 실제로 향상되었다고 볼 수 있는가? 도덕적 판단이 감정의 통제 그 이상을 의미한다고 할 때, 인간의 도덕성을 가장 잘 설명해줄 수 있는 틀거리는 어떤 것인가? 이러한 질문에 대한 답변을 아리스토텔레스의 탁월성(덕)의 구조와 그 성격을 살펴봄으로써 도덕성 향상 논증을 비판적으로 살펴보고자 한다. 도덕성 향상에 대한 비판으로서 아리스토텔레스 윤리학은 매우 적실하다. 아리스토텔레스의 윤리학은 인간의 영혼을 이성과 비이성(감정) 간의 엄격한 대립 속에서 보지 않고, 인간 영혼의 비이성적인 부분을 이성적인 것과의 연관성 속에서 바라보기 때문이다. 이런 측면에서 이성적으로 행동할 수 있는 바탕이 비이성적인 부분에 있다는 그의 독특한 견해는 트랜스휴머니즘의 논의를 비판적으로 볼 수 있는 유용한 틀거리를 제공한다.

(1) 아리스토텔레스의 성격적 탁월성과 감정의 문제

우선 아리스토텔레스가 성격적 탁월성(품성적 덕)을 분석하면서 내세운 감정의 중요성은, 트랜스휴머니스트들이 강조하는 감정의 중요성과는 맥락이 다르다. 아리스토텔레스가 말하는 성격적 탁월성은 선한 행위를 선택하는 성향을 갖춘 상태를 의미한다. 따라서 성격적 탁월성을 갖춘 사람은 단순하게 선한 행위를 하는 사람이 아니라 선한 행위를 자연스럽게 선택하여 행위할 수 있는, 이른바 성품을 가진 사람이다. 좀더 분명하게 말한다면, 성격적 탁월성을 갖추었다는 것은 인간 감정에 대한 인위적인 통제가 가능한 상태가 아니라 감정 및 욕구의 구조가 자연스럽고 안정감 있게 형성된 상태를 말하는 것이다. 아리스토텔레스는 감정들에 대해 올바른 태도를 취하는 품성상태를 얻기 위해서는 직접 자주 행하는 것밖에 없다고 본다. 이 대목은 소크라테스의 주지주의적 전통과 결정적으로 대립되는 부분으로서, 그는 도덕성의 조건으로 (1) 앎 (2) 합리적 선택 (3) 확고부동한 상태에서의 행위를 내세우는데, 특히 (2)번과 (3)번에 더 큰 중요성을 부여한다. 아리스토텔레스는 다음과 같이 말한다.

탁월성에 따라 생겨난 것(행위)들은 설령 그것들이 어떤 성질을 가지고 있다고 하더라도 정의롭거나 절제 있게 행해진 것이 아니며, 행위자 또한 어떤 상태에서 그것들을 행해야만 정의롭거나 절제 있게 행해지는 것이다. 즉 그는 우선 알면서, 또 그 다음으로 합리적 선택에 의거해서 행위하되 그 행위 자체 때문에 선택해야 하며, 셋째로 확고하고도 결코 흔들리지 않는 상태에서 행위해야 하는 것이다. (…) 탁월성의 소유 여부와 관련해서 안다는 것은 아무런 중요성을 가지지 않거나 작은 중요성을 가질 뿐이며, 나머지 두 조건들이 작지 않은, 아니 전체를 가늠하는 힘을 가지고 있다. 이 두 조건들은 정의로운 일과 절제 있는 일들을

자주 행하는 것으로부터 생겨난다.[13]

결국 아리스토텔레스에게서 성격적 탁월성은 좋고 싫은 감정을 적절한 때와 적합한 방식으로 추구하거나 회피하는 것이 매우 자연스럽고 안정되게 형성되어 있음을 의미한다. "마땅히 기뻐할 것은 기뻐하고, 마땅히 싫어할 것은 싫어한다"는 그의 말은 이러한 맥락에서 이해할 수 있다.[14]

아리스토텔레스의 '적절한' 방법과 '적절한' 때가 중용(mesotes)을 의미한다면, 결국 그에게서 감정과 이성은 상호배타적 관계에 있지 않다고 볼 수 있다. 흔히 선택과 판단은 이성의 작용이고, 욕구와 감정은 철저히 수동적이며, 주관적인 느낌에 불과한 것으로 생각된다. 그러나 아리스토텔레스는 이러한 철저한 이분법에 반대한다. 그에 따르면, 인간의 영혼에서 비이성적인 부분은 크게 두 가지로 나눌 수 있는데, 한 부분은 식물적인 것으로 이성을 결코 함께 나누어 가지고 있지 않지만, 또 다른 한 부분은 욕망(감정)적인 부분으로 이성을 나누어 가지고 있다.[15] 후자야말로 인간의 도덕성이 작동하는 영역, 보다 구체적으로 성격적 탁월성이 작동하는 영역으로 볼 수 있다. 아리스토텔레스에게서 욕구나 감정이 이성을 나누어 가졌다는 것은, 욕구나 감정이 올바른 선택을 한다는 것이며, 감정이 올바른 선택을 한다는 것은 일단 생겨난 감정을 잘 억제하거나 조절하여 바르게 행동한다는 의미가 아니라 감정 자체가 중용의 상태로 상황에 맞게 생긴다는 의미다. 이런 측면에서 행위에서의 성품은 구체적으로 활동할 수 있는 능력인 반면, 감정에서의 성품은 영향받을 수 있는 능력이라고 할 수 있다.

결국 아리스토텔레스에게서 감정은 단순한 수동적 느낌이 아니라, 상황에 대한 이성적 판단과 선택을 수반한다고 볼 수 있다. 예를 들어 연민과 분노에 대한 아리스토텔레스의 정의를 살펴보자. 연민(elos)이란 "그런 일을 당할 만하지 않은 사람이 치명적이거나 고통스러운 변고를 당하는 것을 보고 느끼는 고통의 감정"이고,[16] 분노(thymos)란 "자신이나 자신의 친구가 까닭 없이 명백하게 멸시당한 것을 두고 복수하고 싶어하는, 고통이 뒤따르는 욕구"이다.[17] 아리스토텔레스에 따르면, 이 두 가지 감정은 정직한 성격을 가진 사람이 느낄 수 있는 것이다. 이유 없이 불행을 당하게 되었다고 '판단'했기 때문에 그들에 대해 슬퍼하는 것이고, 아무런 이유 없이 멸시당했다고 '판단'했기 때문에 그들에 대해 분노하는 것이다. 이와 같이 아리스토텔레스에게서 많은 감정들은 이성(적 판단)과 밀접하게 연관되어 있다.[18] 감정은 단순히 수동적이고 맹목적인 감각이 아니라 좋고 나쁨에 대한 판단과 결부되어 있으며, 결국 행위의 이유와 동기를 제공하는 것이다. 이 같은 논의를 통해 다음과 같이 정리할 수 있다. 우선, 도덕적 감정 조작에만 초점을 맞춘 도덕성 향상은 이성과 감정의 유기적 관련 속에서만 형성되는 도덕적 판단과 행위에 비추어볼 때 매우 일면적인 접근이다.

무엇보다 아리스토텔레스의 논의를 통해 분명하게 알 수 있었던 것은 도덕적 의사결정 과정이야말로 순전히 합리적이고 이성적인 판단이나 감정적인 반응 어느 한 가지에 의해 내려지는 것이 아니라 두 요소의 복합적인 협동 작업이라는 점이다.

(2) 프로네시스와 숙고, 그리고 자율성

또 하나 주목할 사안은 프로네시스(phronesis)가 가지는 숙고적 성격이다. 주지하다시피 아리스토텔레스의 프로네시스는 성격적 탁월성의 완성을 위한 전제조건으로서 등장하는 매우 중요한 개념이다. 그는 인간의 영혼을 이성적 부분과 비이성적 부분으로 나누고 다시 이성적 부분을 '인식 기능과 대상 사이의 유사성'에 따라 '학문적 인식의 부분'과 '이성적으로 헤아리는 부분'으로 나눈 바 있다. 전자가 '그 원리가 달리 있을 수 없는 존재자들'을 성찰한다면, 후자는 '그 원리가 달리 있을 수 있는 존재자들'을 성찰한다.[19] 바로 후자의 영역이 "정해진 목적에 대한 최적의 수단을 헤아린다"는 의미를 가지는 숙고(bouleusis)가 관여하는 영역이다. 아리스토텔레스는 이 후자의 영역을 좀더 면밀하게 고찰한다. 인간의 실천 혹은 행위를 지배하는 것은 지성만이 아니라 지성과 욕구 두 가지다. 영혼의 이성적 부분 가운데 욕구와 연결되는 부분은 '이성적으로 헤아리는 부분'이며, 따라서 욕구를 포함하지 않는 '학문인식적 부분'과는 구분된다. "합리적 선택(prohairesis)은 욕구적 지성이거나 사유적 욕구다"라는 아리스토텔레스의 언급은 이를 잘 설명해주는 말이다. 욕구적 요소와 지성적 요소를 동시에 고려하지 않고서는 잘 행위하는 것(eupraxia), 즉 도덕적 행위의 설명이 온전히 이루어질 수 없다는 아리스토텔레스의 입장은 다음에서 잘 나타나 있다. 그는 다음과 같이 말한다.

> 행위의 원리는 합리적 선택이지만—그것으로부터 운동이 시작된다는 의미에서의 원리일 뿐 행위의 목적이라는 의미에서의 원리는 아니다—합리적 선택의 원리는 욕구 및 어떤 목적을 지향하는 이성이다. 이런 까닭에 합리적 선택은 지성이나 사유 없이 생기지 않고, 또 성격적 품성상태 없이도 생기지 않는 것이다. 잘 행위한다는 것과 행위에 있어서 그 반대는 사유나 품성 없이는 있을 수 없기 때문이다. (⋯) 단적으로 목적인 것은 행위에 의해 성취될 수 있는 것뿐이다. 잘 행위한다는 것이 목적이며, 욕구는 이 목적을 향하기 때문이다. 그런 까닭에 합리적 선택이란 욕구적 지성이거나 사유적 욕구인 것이며, 인간이 바로 그러한 원리이다.[20]

인간은 목적지향적인 이성과 욕구가 함께 작용함으로써 합리적 선택이 동반된 행위를 할 수 있다. 아리스토텔레스가 『니코마코스 윤리학』 6권에서 지적 탁월성(사유의 덕)을 정교하게 구분했던 것도 바로 이 때문이다. 아리스토텔레스 윤리학을 설명하는 데 중요한 출발점이 되는 이러한 구분은 실제로 프로네시스의 개념의 정의와 그 역할에 대해 보다 선명한 접근을 가능하게 한다.

도덕적 행위의 근원으로서 프로네시스는 인간에게 구체적으로 선한(유용한) 삶을 이끄는 지적 능력이다. 무엇보다 프로네시스를 갖춘 사람의 특징은 잘 숙고하는 것이다. 아리스토텔레스가 강조하듯이, "우리는 우리에게 달린 것, 그리고 우리의 행위에 의해 성취가능한 것에 관해" 숙고한다.[21] 즉 숙고는 인간 삶의 실천적 영역, 그 결과가 어떻게 나올지 불분명한 것들이지만, 우리의 행위에 의해 충분히 바뀔 수 있는 미래의 것들에 대해서 생각해보는 것이며, 정해진 목적에 '가장 쉽고 가장 훌륭하게' 도달하기 위한 방법을 모색하는 것이다.[22] 다시 말해 숙고는 목적을 설정하고 그 목적에 도달하기 위한 최선의 방식을 전체적 관점에서 모색하는 것이다. 앞에서도 살펴보았지만, 숙고를 지성적 사유와 욕구의 전개과정으로 본다면, 숙고의 결과인 선택 역시 지성적 사유의 산물인 동시에 구체화된 욕구라고 볼 수 있다. 그래서 아리스토텔레스는 합리적 선택을 '욕구적 지성' '사유된 욕구' '숙고된 욕구'로 부른다.[23] 이와 같이 상황을 잘 고려해서, 적절한 행동을 취하는 것이야말로 행위 주체의 책임과 밀접하게 관련되어 있다고 볼 수 있는데, 그 이유는 숙고와 합리적 선택에 의한 행위야말로 행위 주체가 전적으로 책임져야 할 행위이기 때문이다.

실천적 지혜가 가지는 숙고적 성격에 비추어볼 때, 도덕적인 상황에서 숙고한다는 것은 도덕적 행위자의 자율성(autonomy)을 요구한다. 보통 자율성은 자기 선택적 결정을 가로막는 외부적 조건들과 영향으로부터 독립적인 상태를 의미하기에, 결국 자율적으로 된다는 것은 자기를 다스린다는 것, 스스로를 위해 규범과 가치를 성립시키는 것을 의미하기 때문이다.[24] 그래서 자율적 행위는 자유로운 행위주체가 자신의 진정성이 담아낸다는 점에서 책임질 수 있는 행동의 근거가 되는 것이다. 결국 기술적 수단을 통해 도덕 감정을 통제하고 조작하는 것은 인간의 마음을 신경화학적, 기계적 과정으로 환원시키는 것이며, 도덕적 행위주체가 갖는 자율성의 본질을 위협하는 것이다. 이런 맥락에서 그로스(D. Gross)는, "자율성이 생각하는 능력, 합리적으로 행동할 수 있는 능력, 의사결정을 자유롭게 펼칠 수 있는 능력을 의미한다면, 기술적 고안물을 이식함으로써 침투하는 뇌의 간섭들은 자율성에 대한 심각한 위협을 의미한다"고 설득력 있게 주장한다.[25]

4. 도덕성 향상 기획에 대한 비판: 매킨타이어를 중심으로

현대의 도덕적 상황에 대한 매킨타이어(A. MacIntyre)의 진단과 평가는 트랜스휴머니즘의 도덕성 향상 기획을 비판적으로 접근할 수 있는 계기를 제공한다. 매킨타이어에 따르면, 전통적으로 윤리학은 인간의 도덕성에 대한 본질과 목표, 좋음에 대한 본질을 체계적으로 반성하는 것으로 이해되었다. 그러나 정서주의(emotivism)는 윤리학에 대한 전통적 이해와 결별하여 윤리학을 역사와 전통의 맥락으로부터 독립시킴으로써 도덕성을 인간 경험의 무역사적, 비문화적, 비이데올로기적 실재로 바꾸어버렸다.[26] 그는 현대사회의 도덕적 상황을 단적으로 상대주의적 무질서 속에 있는 것으로 규정한다. 예를 들어 우리가 살고 있는 세계의 도덕적 어휘는 '개념적 도식의 단편들'에 불과하며, 이러한 단편들에게 의미를 부여할 수 있는 콘텍스트 역시 사라져버렸다고 주장한다. 그는 이렇게 말한다.

> 내가 여기서 제기하고자 하는 가설은 우리가 살고 있는 실제의 세계에서 도덕성의 언어도 앞서 서술한 가상 세계에서 자연과학의 언어가 처한 것과 같은 심각한 무질서에 처해 있다는 사실이다. 이 견해가 옳다면, 우리가 갖고 있는 것은 어떤 개념적 기구의 단편들, 즉 이들에게 의미를 부여할 수 있는 콘텍스트가 결여되어 있는 조각들이다. 우리는 정말 도덕성의 환영을 가지고 있으며, 우리는 계속해서 많은 핵심표현들을 사용하고 있다. 그러나 우리는 — 비록 전적으로 그렇지는 않지만 상당히 광범위하게 — 우리의 이론적, 실천적 이해력 또는 도덕성을 상실하였다.[27]

정서주의는 모든 도덕적 판단이 개인적 선호, 태도, 혹은 감정의 표현에 불과하는 것을 주장하는데, 매킨타이어는 조작가능한 사회관계와 조작가능하지 않는 사회관계 사이의 구별을 무화시키는 이러한 정서주의적 경향에 우려를 표한다. 다시 말해 정서주의는 타인을 자신의 목적을 성취하기 위한 수단으로 다루려는 인간관계와 타인을 그 자체의 목적으로서 대하는 인간관계 사이의 구별을 제거한다는 것이다. 현대 사회는 이러한 정서주의의 강력한 영향으로 자기 자신의 감정과 태도에 대한 표현과 타인의 감정과 태도에 대한 변화(조작)라는 이중성으로 특징지어지며, 바로 이러한 이유 때문에 개인적 만족에 몰두하는 부유한 심미주의자들, 관료제적 합리성을 통해 가장 경제적이고 효율적인 조직관리를 추구하는 경영인들, 사회에서 적응하지 못한 개인들을 잘 적응하는 개인들로 탈바꿈시키는 치료사들이 현대사회에서 각광받는 인물로 대두된다는 것이다.[28]

또한 매킨타이어는 도덕성의 토대를 새롭게 수립하려는 계몽주의 기획 역시 실패한 기획으로 간주한다. 교육되지 않은 인간 본성, 자신의 목적을 실현하면 가능한 인간, 전자에서 후자로 이행할 수 있게 하는 도덕법칙이 도덕도식의 세 가지 요소라고 할 때, 계몽주의의 도덕 프로그램에서는 두 번째 요소인 목적론적 맥락이 폐기되면서 교육되지 않은 인간에 대한 현실적 견해와 도덕법칙이 정합성을 유지하지 못한 채 파편화됨으로써 결국 실패로 이어졌다는 것이다.[29] 그가 이러한 계몽주의 프로그램에 대한 대안으로 내세운 것이 다름 아닌 목적론을 견지하는 덕의 윤리이고, 이 윤리를 이끌어가는 가장 중요한 개념이 바로 덕(탁월성) 개념이다. 그에게서 덕(탁월성) 개념은 실천, 인간 삶의 서사적 통일성, 그리고 전통이라는 세 가지 중요한 요소와의 유기적 연관성 속에서만 제대로 해명될 수 있다. 즉 덕(탁월성)은 실천을 통해 도구적 선, 외적 선이 아니라 내적 선(internal good)을 추구할 수 있는 성향을 갖추게 되고, 덕은 인간 삶의 전체성 속에서 설명됨으로써 파편화의 우려를 넘어서 삶 전체의 좋음(선)에 기여할 수 있는 성향을 갖추게 되며, 마지막으로 덕은 선의 추구가 하나의 역사적 문맥 안에서 자리잡을 수 있는 전통을 보존하게 됨으로써 온전하게 해명될 수 있다.[30] 이와 같은 매킨타이어의 접근과 시도가 과연 트랜스휴머니즘의 도덕성 향상 기획에 대해 어떤 비판을 제기할 수 있는지 좀더 자세히 살펴보자.

첫째, 실천(practice)과 도덕적 행위자 간의 관계설정 문제다. 기술과학적 수단을 통해 인간의 감정을 통제하고, 인격을 개선하고, 결국 인간의 행복에 도달하려는 트랜스휴머니즘의 희망은 도덕적 중립성(moral neutrality)을 표방한다. 감정의 조작을 통해 도덕성 향상이 가능하다면, 도덕적 의사결정과정은 철학적, 윤리적 기반을 전혀 필요로 하지 않기 때문이다. 그러나 이러한 도덕적 중립성은 매킨타이어의 관점에서 본다면 지지되기가 매우 어렵다. 정서주의에 대한 매킨타이어의 비판의 핵심은, 인간의 도덕성과 실천이 인간의 삶과 사회적 질서와 완벽하게 독립될 수 있는가의 여부였다. 매킨타이어는 실천을 "사회적으로 정당화된 협동적 인간 활동의 모든 정합적, 복합적 형식"으로 규정하면서, 예술, 과학, 경기, 정치, 가정생활의 운영과 유지 등 광범위한 활동을 이 개념에 포함시킨다.[31] 그에 따르면, 실천은 사회적 상호작용의 그물망 안에서 도덕적 행위주체를 위치시키는 맥락을 제공한다. 인간은 바로 실천을 통해 삶을 정렬하며, 사회적 환경 안에서 자신의 합리성을 구축한다.[32] 따라서 도덕성이라는 용어는 특별한 사회적 환경 안에 위치지어진 합리성이라는 개념을 전제로 하는 것이다. 그가 전통으로부터 독립한 도덕성(tradition-independent morality)이 불가능하다고 말한 것은 이러한 맥락에서다.[33] 예를 들어, 사람들은 실천을 통해 우리의 선조들과의 관계를 형성하게 되면서, 그들이 이루어낸 역사적 전통의 업적으로부터 도덕성을 습득하게 되는 것이다. 또한 도덕적 문제에 대해 숙고한다는 것은 일상의 도덕적 판단과 활동에 적극적으로 참여한다는 것, 즉 적극적으로 실천한다는 의미다. 이런 측면에서 조터랜드(F. Jotterand)가 적절하게 지적하듯이, 트랜스휴머니즘의 기대와는 다르게, 도덕적 행위를 하기 위해 감정적 조절이나 통제를 어느 수준으로 맞추어야 할지, 과연 어느 정도의 수준이 이타주의, 공감, 연대성이 도덕성을 보증하는지 결정하는 것은 매우 어려워 보인다.[34] 인간이 도덕적 결정을 내리는 방식은, 기술을 통한 감정의 통제로 정확하게 환원될 수 없는 복잡한 맥락을 필요로 하기 때문이다.

둘째, 도덕적 행위주체(moral agent)의 숙고적 성격에 관련한 것이다. 매킨타이어는 도덕적 숙고를 도덕적 행위자에게 필수적인 내적, 외적 조건들의 그물망 안에 위치시킨다. 도덕적 행위주체로 발전하기 위해서는 자기 자신의 정체성을 형성시키는 특정한 사회적 맥락, 그리고 그 맥락 속에 자리잡은 내러티브 안에서만 가능하다. 또한 인간은 도덕적 숙고 가운데서 "좋음은 무엇인가?"라는 보편적 질문과 "나에게 좋은 것은 무엇인가?"라는 특수한 질문을 끊임없이 제기함으로써 도덕적 행위주체로 발전한다. 무엇보다 도덕적 행위주체로 발전해가는 과정에서 개인은 배우고 실수하고, 또한 실수를 교정하여 탁월성으로 나아가는 과정 속에서 성장한다.[35] 이런 측면에서 본다면 트랜스휴머니즘의 주장대로 도덕성 향상이 도덕적 행위주체로 이어지기는 매우 어렵다.

셋째, 도덕적 행위능력(moral agency)에 대한 잘못된 개념화다. 도덕적 행위능력을 갖춘다는 것은 일종의 인격을 소유한다는 의미다. 인격을 갖추었다는 것은 삶의 상황에서 가장 적합하다고 여겨지는 일련의 행동을 가능케 하는 도덕적 힘, 이른바 도덕적 자기결정능력을 갖추었다는 것을 의미하기 때문이다. 매킨타이어에게서, 한 인간이 삶의 경험과 도덕 이론을 통합할 수 있는 능력이 없다는 것은 결국 나쁜 인격의 전개로 귀결된다. 나쁜 인격이라는 것은 "도덕적 질문에 대해 지적으로 맹인이라는 것"을 의미하고, "나쁜 인격을 드러내는 사람들의 특징은 그가 점진적으로 자신이 잘못 배운 것이 무엇인지, 자신이 어떻게 오류에 빠졌는지 이해하는 능력이 점점 없어진다는 것을 의미한다."[36] 조터랜드에 따르면, 신경기술을 통한 도덕성 향상은 한 인간의 인격을 형성하는 과정이 전혀 없는, 말 그대로 인격적 특성만을 보여주는 것뿐이다. 일례로 인격적 특성(Character traits)과 인격의 소유(Having character)는 엄연히 다른 것이다. 트랜스휴머니즘이 표방하는 도덕성 향상은 인격을 소유하는 것에 이르지 못할 것임을 분명히 밝히고 있다. 그에 따르면, 인격적 특성은 "어떤 행위들을 수행하기 위한 판명한 방식으로서, 인격이 포함하는 도덕적 중요성을 반드시 포함할 필요가 없는 형태의 행동을 기술할 때 쓰인다. 예를 들어, 한 사람이 자신의 일에서 근면함을 보여주었다고 해서 자신의 모든 활동에서 유사한 특성을 보여줄 필요가 없다는 것이다. 반대로 인격을 소유했다는 것은 도덕적 정체성(moral identity)의 보다 기본적인 자격을 함축한다. 인격을 소유한다는 것은 기획된 상황에서 적합하다고 여겨지는 일련의 행동을 성립시키는 도덕적 힘을 기술한다. 그것은 한 인간의 도덕적 행위능력에 자격을 부여하며 자기-결정의 능력을 전제한다.[37] 한 인간의 도덕적 결정을 안내하고 행동에 대한 근거를 제공하는 '판단의 자원'이 일종의 도덕성이라고 한다면, 신경기술을 통한 도덕성 향상은 도덕성의 본질을 전혀 갖고 있지 못한다는 점이다.[38]

넷째, 인격적 정체성과 자아의 책임 문제다. 매킨타이어는 덕을 설명하면서 인간 삶의 통일성을 강조한 바 있다. 인간 삶의 통일성이란 그에 따르면 하나의 유일무이한 삶 속에 구현된 이야기(서사)의 통일성이다.[39] 서사적 관점에서 삶을 본다는 것은 서사적 양태로서 자아를 간주한다는 것이고, 결국 자아의 행위는 개인의 가능한 혹은 실제적인 이야기 속의 한 계기일 때만 이해 가능한 것이다.[40] 매킨타이어는 행위의 이해가능성을 언급하면서 이와 밀접하게 연관되어 있는 인격적 정체성(personal identity)을 언급한다. 시간의 경과 속에서 한 인격이 겪는 다양한 변화에도 불구하고 그 인격의 동일성을 말할 수 있는 근거는 무엇이며, 동일성 여부를 판정할 수 있는 기준은 무엇인가를 둘러싼 논의는 주로 로크와 흄과 같은 경험론자들의 입장에서 이루어져 왔다는 것이다. 경험론적 전통에서는 철저하게 역사적 문맥을 제거한 추상화된 자아의 정체성을 강조했다. 전통으로부터 벗어난 개인들을 위해 도덕성을 구축하고자 하는 시도는 자아에 대한 성서주의적 이해와도 연결된다. 그러나 인격적 정체성의 진정한 해명은 자아를 서사적으로 이해할 때만 가능하다. 즉 성격적 통일성이 없는 주체를 이야기의 주체로 생각할 수 없다면, 결국 자아는 탄생에서 죽음에 이르는 하나의 이야기의 주체로서 이해해야 한다는 말이다.[41] 매킨타이어의 서사적 자아 개념은 책임(accountability)과 연결된다. 그에 따르면, "하나의 이야기의 주체로서 존재한다는 것은, 이 이야기될 수 있는 삶(a narratable life)을 구성하는 행위들과 경험들을 책임질 수 있어야 한다"는 것을 의미하기 때문이다.[42] 서사적 자아는 자기 자신에 대해 책임을 지는 사람일뿐만 아니라, 다름 사람에게 책임을 물을 수 있는 사람이다. 그들이 나의 이야기의 한 부분인 것처럼, 나 역시 그들 이야기의 한 부분이기 때문이다. 인격적 정체성에 대한 매킨타이어의 논의는 도덕적 행위자로서의 책임의 문제를 매우 정교하게 볼 것을 요구한다. 이러한 측면에서 과연 트랜스휴머니즘에서 상정하고 있는 도덕성 향상의 주체가 이러한 책임을 온전하게 질 수 있는 도덕적 주체로 볼 수 있는지 매우 회의적이다.

5. 포스트휴먼과 도덕성

신경기술을 통한 도덕성 향상을 옹호하는 측면에서는 도덕성 향상 역시 성형수술과 마찬가지로 독립적인 자기변형(independent self-transformation)의 하나로 받아들여야 하고, 자발적으로 수행되고, 타인에게 피해를 주지 않는 한 옹호되어야 하며, 결국 도덕성 향상의 기술을 수용할지의 여부는 철저하게 개인의 바람과 의도에 남겨져야 한다는 주장을 제기한다. 그러나 인간 도덕성의 인위적 향상이 인간의 자율성, 자기-규제, 사회적 책임의 이상과 갈등하지 않는다고 보기는 어렵다. 신경기술을 통한 도덕성 향상이 단순히 개인의 자율성의 표현이 아니라 자율성을 감소시킬 수 있다는 논의를 환기시켜 본다면 더더욱 그렇다. 무엇보다 아리스토텔레스와 매킨타이어의 논의를 통해 트랜스휴머니즘의 도덕성 향상 기획은 도덕적 행위주체의 능력과 그 능력이 펼쳐지는 사회적 맥락을 충분히 고려하지 못하는 것으로 드러났다. 결론적으로 도덕성 향상 기획이 왜 아리스토텔레스에서 연원하는 덕윤리에 기반해서 검토되어야 하는지, 그 이유를 간단히 정리하면 다음과 같다.

우선 덕윤리는 한 행위의 옳음보다는 도덕적 행위주체의 인격(the character of the moral agent)에 초점을 맞춘 프레임워크다. 가디너(P. Gardiner)는 덕윤리의 강점을 다음과 같이 밝힌 바 있다.

덕윤리는 감정들이야말로 우리의 도덕적 자각의 필수적이고 중요한 부분임을 인정하고, 행위주체의 동기부여를 매우 중요한 것으로 간주한다. 또한 규칙들이 확고하게 준수되지 않는다 하더라도, 가장 합리적인 선택을 할 수 있게 해준다. 이러한 덕윤리의 강점은 한마디로 도덕적 행위주체의 유연성(flexibility)을 강조하는 데 있다.[43]

덕윤리의 프레임워크 안에서 감정과 이성은 도덕성을 형성하는데 상호 유기적인 관계를 맺고 있다는 점을 전제한다면,[44] 감정적 조작만으로 도덕성 향상이 이루어질 수 있다는 것은 매우 협소한 주장이었음을 확인한 바 있다.

둘째, 덕 윤리는 목적 지향적이며, 성숙한 삶과 최선의 삶을 도모하는 덕목의 형성과 계발에 초점을 맞춘다. 인간은 오류를 범할 수밖에 없다. 그러나 인간은 그러한 오류를 적극적으로 수정해가면서 결국 도덕적 탁월성으로 나아갈 수 있다. 비첨과 칠드레스에 따르면, 인격(character)은 한 사람의 판단과 행위에 영향을 주는 일련의 안정된 특성들로서, 대부분의 사람들은 도덕성에서 가장 중요한 역할을 담당하는 이러한 특성들을 육성할 능력을 지니고 있다.[45] 트랜스휴머니즘을 옹호하는 쪽에서 말하는 도덕성 향상은 도덕적 행위자의 가치보다는 조작자의 가치가 투영된다는 점에서 도덕적 행위주체로서의 능력을 과소평가하고 있다.

이와 같이 트랜스휴머니즘에서 말하는 도덕성 향상 기획은 진정한 의미에서 도덕성을 육성하는 시도와는 거리가 멀다고 할 수 있다. 결국 인간의 도덕 감정을 통제할 수 있다는 희망은 덕스러운 사람의 형성을 위해 충분하지 않다. 이런 측면에서 "도덕적 행위주체는 좋은 삶에 대한 지속적인 비전 형성과정 속에서 설계되는 것이 아니라 훈련되는 것이다"[46]라는 조터랜드의 언급은 주목할 필요가 있다. 인간의 도덕적 진보를 최고의 목표로 설정하고 있는 트랜스휴머니즘의 기획을 덕윤리적 관점에서 면밀하게 검토했던 이유는 바로 이 때문이다.

제2장

과학기술시대의 자기실현적 행복[1]

1. 인간 조건의 가변성과 행복

행복(幸福)에 대한 사전적 정의를 살펴보면 (1) 복된 운수 (2) 생활에서 충분한 만족과 기쁨을 느끼어 흐뭇함으로 나와 있다. 단어의 의미가 외적 조건(운)과 내적 만족감을 모두 포괄하고 있는 것이 특징적이다. 그러나 현대에 와서 행복은 이전보다 훨씬 적극적인 의미를 지닌다. 행복이 우연적으로 주어져서 만족스럽다기보다는 만족스러운 상태에 이르기까지의 인간의 적극적 노력이 부각되는 것이다. 이른바 행복의 '창조'가 강조되는 것이다. 이런 측면에서 트랜스휴머니즘의 행복론은 현대적 행복 개념에 상당 부분 부합한다고 볼 수 있다. 기술적 수단을 통해 행복에 이를 수 있다는 낙관적 신념은 기존의 수동적 정서로서의 행복과는 전혀 다른 차원의 행복을 열어놓기 때문이다. 그럼에도 트랜스휴머니즘의 맥락에서 다루는 행복은 인간 본성의 가변성에 기반을 둔다는 점에서 기존의 행복론과 결정적으로 다르다.

과연 "트랜스휴머니즘의 상정하는 '행복한 삶', '행복한 세상'은 전통적 행복론과 어떤 차이가 있는가?", "포스트휴먼 시대에서 전통적 인간 가치로서의 행복은 어떤 중요성을 지닐 수 있는가?", "인간 가치와 도덕성이 흔들리는 위기의 시대에 트랜스휴머니즘은 강력하고 확실한 도덕적 대안으로 작동할 수 있을까?", "기술적 수단을 통해 향상된 포스트휴먼은 진정한 행복에 도달했다고 말할 수 있을까?"

이 장은 이러한 질문에 대한 답변을 서술해가면서 과학기술을 통한 인간 향상이 인간을 진정한 행복으로 이끌 수 있는지의 여부를 면밀히 고찰한다. 단 고찰의 과정에서 두 가지 중요한 전제가 있다. 첫 번째, 기술적 수단을 통한 인간 향상이 행복에 기여할지는 우선 행복을 어떤 방식으로 이해하는가에 따라 달라질 수 있기 때문에 행복 개념에 대한 명확한 검토가 전제되어야 한다는 점이다. 행복 개념만큼 우리의 일상뿐만 아니라 다양한 학문 분야의 관심을 받는 동시에, 그 정의와 관련하여 격렬한 논쟁 가운데 서 있는 개념은 없을 것이다. 철학사적 측면에서 행복 개념을 구분하는 가장 일반적인 방식은 행복을 주관적 차원의 즐거움을 의미하는 헤도니아(hedonia)와 자기실현적 맥락에서의 에우다이모니아(eudaimonia)로 구분하는 것이다.[2] 두 번째, 기술적 수단을 통한 인간 향상이 인간의 인지적, 정서적, 의지적 측면에 영향을 미친다고 하더라도, 그 영향력이 행복에 어떻게, 얼마만큼 기여할 것인지에 대해서는 면밀한 검토가 필요하다. 이 장에서는 인간향상기술이 인간의 행복과 관련하여 가장 역점을 두고 있는 사안이 인간의 감정을 세어하고, 덕복을 개선하는 데 있다는 점을 감안하여, 이 부분을 집중적으로 조명할 것이다.

2. 행복 개념의 두 관점과 이론적 배경

행복 개념을 행복한 감정상태로서의 즐거움을 의미하는 헤도니아(hedonia)와 자기실현의 맥락에서의 행복한 삶을 의미하는 에우다이모니아(eudaimonia)로 분류하는 방식은 좋은 삶을 위한 필수요소로서 참된 즐거움을 탐색하는 플라톤의 『필레보스』의 문제의식과 맥락을 같이 한다. 왜냐하면 플라톤이 『필레보스』에서 시도한 것은 즐거움이 곧 좋은 것이라는 쾌락주의의 주장에 대한 명확한 반론을 담고 있으며, 반론의 과정에서 그는 인간의 조건과 위상에 대한 현실적 고려 아래서 인간에게 가장 적실한 즐거움이 무엇인가를 철저하게 검토하고 있기 때문이다.[3] 일례로 변화무쌍한 세상에서 신과 동물 사이의 중간자적 존재로서 살아가는 인간은 즐거움과 괴로움이 완벽하게 배제된 삶을 살아가기 불가능하다. 따라서 이성적 존재로서 누릴 수 있는 영혼의 즐거움과 육체를 가진 인간으로서 갖게 되는 신체적 즐거움 가운데 어떤 것이 좋은 삶에 포함되고 배제되어야 하는지 가리는 것은 매우 중요하다.[4] 이러한 문

제의식의 연장선상에서 쾌락적 행복과 자기실현적 행복 개념을 정
교하게 분석해보는 것은 트랜스휴머니즘 행복론을 정리하고, 비판
하는 데 도움이 될 것이다.

(1) 쾌락적 행복의 정의와 특징

쾌락적 행복(hedonia)의 유래는 말 그대로 쾌락주의(hedonism)
에서 찾을 수 있다. 쾌락주의는 쾌락에 대한 다양한 관점에도 불구
하고 쾌락추구가 최고선이라는 공통적인 입장을 취한다. 주지하다
시피 제러미 벤담(J. Bentham)은 행복에 대한 논의에서 매우 특징
적인 이론가다. 한 인간이 삶의 전체적 맥락에서 자신의 삶을 어떻
게 살아갈 것인가에 대한 문제의식 속에서 행복을 생각한 것이 아
니라 전혀 다른 차원에서 행복을 구상했기 때문이다. 그는 행복을
쾌락과 교환가능하게 사용하면서, 행복/쾌락을 도덕적 관심의 전
면에 내세운다.

> 공리란 이해당사자에게 이익, 이득, 쾌락, 좋음, 행복을 (지금 이것들은
> 모두 동일한 것을 가리킨다) 산출하거나 (역시 모두 동일한 것을 가리키
> 는) 해악, 고통, 악, 불행의 발생을 막는 경향을 가진 어떤 대상의 속성
> 을 의미한다. 만약 이해당사자가 공동체 전체라면, 그 공동체의 행복
> 을 의미한다. 만약 이해 당사자가 특정 개인이라면, 그 개인의 행복을
> 의미한다.[5]

고전공리주의에서 행위의 도덕적 정당성은 오로지 그것의 결과에 의해 좌우되며, 도덕적으로 중요한 결과들은 산출된 쾌락들과 피한 고통들이다. 따라서 도덕적으로 정당한 행위는 행위에 의해 산출되는 쾌락과 고통을 공평하게 고려하여 최고의 쾌락과 최소의 고통을 산출하는 행위다. 이른바 최대행복의 원리(the greatest happiness principle)이자 극대화원리인 것이다.[6] 행복을 극대화하고, 고통을 극소화하는 이 같은 방향은 어떻게 사는 것이 최선의 삶이고 행복한 삶인가를 문제시하는 데 동원되는 행복과는 전혀 다른 입장이다. 한마디로 공리주의는 어떤 삶이 행복한 삶인가보다는 인간(나아가 유정적 존재)에 영향을 미치는 행위들의 도덕적 기준을 설립하는 데 초점을 맞춘 이론이다.

이와 대조적으로 현대의 쾌락주의는 가치와 무관함을 그 특징으로 한다.[7] 현대의 쾌락주의가 행복의 심리화(the psychologizing of happiness)의 경향을 띤다는 점에서 규범적 차원보다는 기술적 차원에서 이해할 수 있기 때문이다. 일례로 태도적 쾌락주의(attitudinal hedonism)가 대표적이다. 이 이론에 따르면, 쾌락은 일종의 태도, 사태를 향해 취하는 기쁜 태도다. 즐거운 경험을 한다는 것은 그 경험의 주체가 사태에 대해 확실한 지지의 태도를 보내는 것이다.[8] 섬너(W. Sumner)의 생활만족이론(Life-satisfaction theory)도 유사한 맥락이다. 생활만족은 삶의 조건이나 상황의 일부 혹은 전체에 대한 적극적인 인지적, 정서적 반응이다. 행복과 불행의 여부는 행복과 불행에 대한 우리의 태도에 달려 있다. 따라서 행복하기 위해서는 삶 전반에 대해 적극적 태도를 갖는 것이다. 적극적 태도는 모든 것을 고려해볼 때 자신의 삶이 제대로 돌아가고 있다는 판단, 즉 인지적 요소와 자신의 삶이 충분히 풍요로워졌다는 느낌이나 보상에 의해 만족스러운 느낌, 즉 정서적 요소를 지닌다.[9] 이처럼 현대 쾌락주의는 행복을 도덕적 행위의 목적으로 간주하지 않는다는 점이 특징적이다. 이러한 맥락에서 쾌락적 행복은 대체적으로 다음과 같이 정의내릴 수 있다.[10]

첫째, 쾌락적 행복은 쾌락의 주관적 경험으로, 사람들이 원하는 무엇인가를 얻었을 때 갖게 되는 즐거운 정서다. 개인의 바람은 생리학적, 지적, 사회적 측면에 기초를 두고 있으며, 쾌락적 행복은 그러한 바람의 충족이 존재하는 어느 때나 기대되는 부산물이다. 둘째, 쾌락적 행복의 범위는 극단적으로 넓고 사람마다 다양하다. 일례로 대부분의 사람들이 혐오스러워 하는 활동이나 사건에서 일부 사람들은 쾌락적 행복을 경험하기도 한다. 셋째, 쾌락적 행복은 쾌락주의와 연결될 수는 있지만, 쾌락적 행복이 주관적 심리상태를 의미한다는 사실이 쾌락적 행복을 추구해야 한다는 윤리적 함축을 지니지 않는다는 점에서 쾌락적 행복과 쾌락주의는 구분된다.

(2) 자기실현적 행복의 정의와 특징

자기실현적 행복 개념이 아리스토텔레스 행복론에서 연원한다는 점은 이론의 여지가 없다. 아리스토텔레스는 과연 행복이 배움과 노력의 산물인가, 우연의 산물인가라는 현안문제와 관련해 가장 고귀한 행복은 배움과 노력을 통해 행복을 성취할 수 있다고 명시적으로 밝힌다. 아리스토텔레스는 다음과 같이 말한다.

> 행복은 또한 많은 사람들에게 공통적인 것일 게다. 탁월성을 획득하는 데 아주 불구이지 않은 사람이라면 누구나 어떤 종류의 배움과 노력을 통해 행복을 성취할 수 있기 때문이다. 그런데 만약 이러한 방식으로 행복해진다는 것이 우연을 통해 행복해지는 것보다 낫다면, 실제로도 이러한 방식으로 행복해진다는 것이 이치에 맞는 일이다. (…) 가장 위대하고 가장 고귀한 것을 우연에 맡긴다는 것은 너무도 부조리한 일일 것이다.[11]

또한 삶의 끝에서 행복에 대한 궁극적 평가가 가능하다는 행복론을 비판하면서, 한 인간의 행복을 운명의 관점에서 보면 지금 여기서 누릴 수 있는 행복이 공허해지며, 무엇보다 행복에 대한 적절한 판단이 불가능해진다고 본다. 따라서 행복에 있어 운명은 부수적인 요소에 불과하며, 가장 중요한 점은 지금 여기서 지속적으로 펼쳐나가는 덕스러운 활동을 통해 행복을 확보하는 것이다.[12] 그는 행복한 사람을 "인생에서 마주치는 운명을 잘 헤쳐나가고, 쉽게 변하지 않으며, 덕스러운 삶을 통해 일생 전체를 행복하게 살아가는 사람"으로 특징짓는다.[13] 이런 측면에서 아리스토텔레스 행복론은 일생 동안 참다운 자기 자신에 부합하게 살아가야 할 책임성, 나아가 자기 자신에게 잠재되어 있는 것들을 최대한 실현하면서 살아갈 책임성이 존재한다.[14] 여기서 잠재되어 있다는 것은 우리 인간의 공통된 종으로서의 잠재적 능력과 다른 사람과 구분되는 독특한 개성으로서의 잠재적 능력 양자를 포함한다. 이런 측면에서 한 사람이 자신의 잠재성을 현실화하기 위한 노력, 즉 자기실현(Self-realization)은 행복 개념에서 가장 핵심적인 요소다.[15]

좀더 자세히 살펴보면, 아리스토텔레스의 행복론은 이론적 측면과 실천적 측면 모두에서 작동한다. 그는『니코마코스윤리학』1권에서 행복에 대한 통념(endoxa)을 검토한 후 기능논증을 통해 인간의 행복을 '탁월성(덕)에 따른 이성의 활동'으로 정의한다.[16] 인간에게 고유한 활동은 이성적 활동이며, 그것을 잘 발휘하는 것이 곧 인간의 행복인 것이다. 주목할 것은 아리스토텔레스가 시도한 탁월성의 분류가 행복론에도 영향을 미친다는 점이다. 그는 탁월성을 '이성을 자체 안에 가지고 있는 것'(지적 탁월성)과 '이성을 따를 수 있는 욕구적인 부분'(성격적 탁월성)으로 구분한다.[17] 따라서 인간의 행복은 지적 탁월성에 의한 관조적 활동과 성격적 탁월성에 의한 실천적 활동에서 실현된다. 관조적 활동으로서의 행복이란 신적 행복을 지향하는 것으로, 실현불가능할 정도로 인간적 한계를 넘어서는 행복이다. 행복이 수단이 아니라 오로지 자체의 목적으로만 선택되어야 할 만큼 단적으로 완전해야 하며, 행복한 상태에서는 더 이상의 모자람이 없을 정도로 자기충족적이어야 한다면,[18] 이러한 행복의 조건을 충족시키는 것은 관조적 활동으로서의 행복뿐이기 때문이다. 관조적 활동은 최고의 활동으로 가장 지속적이며, 즐거움이 동반되며, 자족적이고, 자체목적적인 활동이다. 한마디로 관조적 활동으로서의 행복이란, 우리 안에 있는 최고의 것이지만, 여전히 우리에게 가능태로 주어져 있는 지성을 최대한 현실화하는 것이다. 그는 신적 차원의 행복한 삶을 다음과 같이 강조한다.

"인간이니 인간적인 것을 생각하라", 혹은 "죽을 수밖에 없는 운명이니 죽을 수밖에 없는 것들을 생각하라"고 권고하는 사람들을 따르지 말고, 오히려 우리가 할 수 있는 데까지 우리들이 불사불멸의 존재가 될 수 있도록, 또 우리 안에 있는 것들 중 최고의 것에 따라 살도록 온갖 노력을 기울여야만 한다. 이 최고의 것이 크기에서는 작다 할지라도, 그 능력과 영예에 있어서는 다른 모든 것을 훨씬 능가하기 때문이다.[19]

반면에 실천적 반경에서 이루어지는 행복은 한마디로 인간적 행복이다. 인간적 행복이라 함은 '욕구하는 존재'로서의 인간의 현실을 인정하면서도 욕구충족에만 머물지 않는 행복의 가능성을 타진하고자 하는 그의 전략에서 비롯된다. 인간은 육체적 쾌락과 같은 동물적 욕구뿐만 아니라 합리적 욕구도 존재한다. 즉 인간은 어떤 대상을 좋은 것이라고 판단하고 이를 위해 선택하려는 바람을 가지고 있다는 것인데, 결국 행복을 위한 욕구는 이러한 합리성의 기준을 충족시켜야 하며, 무엇보다 성격적 탁월성(품성적 덕)을 필요로 한다. 즉 성격적 탁월성을 통해 합리적 욕구를 실현함으로써 인간의 행복은 구체화되는 것이다. 실천적 삶의 영역에서 탁월한 이성적 활동을 하는 덕스러운 사람은 올바른 행복 개념을 지닌 자이며, 행복한 삶을 살 수 있는 욕구구조를 지닌 자이다. 덕은 습관에 의해 형성되며, 습관화의 과정은 구체적인 상황에서 무엇이 중요한가를 선별해낼 수 있는 실천적 지혜의 함양을 포함한다. 그래서 덕스러움과 실천적 지혜는 분리된 과정이 아니라 구체적인 실천을 통해 함께 가는 과정이다.[20] 이 같은 아리스토텔레스의 행복에 대한 논의를 통해 자기실현적 행복 개념은 다음과 같이 정리할 수 있다.

첫째, 자기실현적 행복은 관조적 삶, 덕스러운 삶을 살아갈 때 연관되는 객관적 조건, 즉 합리성을 필요로 한다.[21] 아리스토텔레스가 말하는 행복은 탁월한 이성적 활동이며, 이는 우리의 활동이 합리적일 때만 가능하다는 말이다.[22] 둘째, 자기실현적 행복은 구체적 상황에서 행위자의 숙고와 선택에 방향을 정해주는 이정표 역할을 하지만, 그것이 윤리적 정당화(moral justification) 모델에서 제1원리 같은 역할을 하지 않는다. 아리스토텔레스는 행복을 인간 행위의 궁극적 목적으로서 최고선이며, 좋은 것들의 원리이자 원인으로 간주하지만, 플라톤의 선의 이데아처럼, 다양한 좋음을 포섭하는 보편적 의미에서의 행복을 이야기하지 않기 때문이다.[23] 따라서 행복의 관점에서 실행되는 실천적 숙고는 연역적 모델이 아니라 구체적 상황에서의 결정과 선택을 포함한다. 흔히 의무론에서 의무의 보편화가능성이 문제였다면, 덕의 윤리에서는 덕의 구체화가능성이 문제로 부각되는 이유가 여기에 있을 것이다. 셋째, 자기실현적 행복은 인간의 삶 전체와 관련되어 있고, 무엇보다 인간의 욕구구조에 내면화된 합리적 차원의 성격의 것이다. 내면화되있다는 것은 일종의 습관화 과정을 거쳐 체화되었다는 의미로, 자기실현적 행복은 지속성의 측면에서 쾌락적 행복과는 큰 차이를 보인다.

3. 도덕적 향상과 인간의 행복

"기술과학적 수단을 통한 행복에의 도달, 감정에 대한 전적인 통제, 인간 인격의 개선."[24] 이 슬로건은 도덕적 향상(moral enhancement)을 목표로 하는 트랜스휴머니즘의 낙관적 행복론을 잘 담아내고 있다. 인간의 행복은 일종의 독립적인 기획을 통해 확보할 수 있는 결과치이며, 무엇보다도 과학기술의 가시권 안에서 충분히 통제될 수 있는 것이라는 자신감을 잘 나타내고 있다. 또한 이 문구를 좀더 정교하게 분석해보면, 기술과학적 수단을 통해 인간의 감정을 자유자재로 제어하고, 인간의 인격을 좀더 나은 방향으로 개선한다면, 행복에 도달할 수 있다는 의미로 해석가능하다. 이처럼 도덕적 향상은 인간의 지정의적 측면, 즉 인지능력, 정서능력, 의지능력 전반에 인간향상기술을 적용함으로써 도덕적으로 좀더 나은 인간, 행복한 세상을 궁극적으로 도모한다. 도덕적으로 건전한 판단을 도출하고, 부정적 정서를 억제하거나 소멸시키고 긍정적 정서를 극대화하여, 덕스러운 행위를 도모하는 인간이 도덕적 인간이며, 이러한 도덕적 인간은 오랜 기간 동안의 내적 수양이나 교육을 통해서가 아니라 과학기술을 통해 단기간에 가능하다는 것이 특징적이다. 인간의 도덕성을 향상시키려는 이 같은 시도가 과연 전통적 방법론의 한계를 넘어서는 획기적이고 참신한 시도일지, 도덕적 측면에서 또 다른 위험으로 등장할지는 면밀한 고찰이 필요할 것이다. 우선 이 부분에서는 트랜스휴머니즘 행복론을 정서적 측면과 의지적 측면을 중심으로 논의를 전개시켜 나갈 것이다.

(1) 정서적 측면의 향상과 인간의 행복

정서적 측면의 향상은 인간의 행복을 증진시킬 수 있다는 입장이다. 여기서 행복은 쾌락적 행복(hedonic happiness)이 적절할 것이다. 쾌락의 충족, 주관적 삶의 만족의 차원에서 긍정적 정서를 높이고, 부정적 정서를 낮춤으로써 얻게 되는 행복을 의미하기 때문이다. 트랜스휴머니즘의 맥락에서 인간향상기술은 이 같은 정서의 조작에 초점을 맞추고 있다. 약리학적 신경향상의 측면에서 예를 들자면, 선택적 세로토닌 재흡수 억제제(selective serotonin reabsorption inhibitor, SSRI)는 공포, 적개심 같은 부정적 감정을 경감시키고, 사회적 상호작용과 협동심을 증가시키는 것으로 알려져 있으며, 포유동물에서 나타나는 호르몬인 옥시토신(oxytocin)은 타인에 대한 신뢰감과 친사회성을 증진시키는 데 관련이 있다고 알

려져 있다.[25]

또한 뇌영상 기술들은 뇌의 정서적 과정을 향상시킬 수 있는 가능성을 열어놓고 있다. 예를 들어 기능적 자기공명 영상(fMRI)은 환자들의 좌측 전전두엽 피질에서 너 높은 혈류를 나타내는데, 이는 환자들이 긍정적인 감정 상태와 행복의 감정을 경험하고 있음을 나타낸다. 좌측 전전두엽 피질은 긍정적인 감정의 원인이 되며, 따라서 보통 행복과 연관이 있다는 점이다. 또한 최근의 신경과학 관련 연구는 사람들이 동정심을 발휘할 때 전전두엽 피질이 활성화된다는 것을 보여준다. 일례로 사랑, 친절, 동정심과 같은 긍정적인 정서들이 길러질 때, 뉴런이 타자의 고통에 대한 공감적 반응을 일으킨다는 것이다. 또한 동정심의 경험들은 건강한 방향으로 뇌의 구조적, 기능적 변화를 유도하고 면역 기능을 증진하는 데 도움을 준다는 것이 밝혀졌다. 따라서 이러한 영상기술을 통해 특수한 뇌 부위를 의도대로 제어하거나 활성화한다면, 정서장애(우울증, 불안, 외상 후 장애)를 극복하고, 긍정적 정서를 활성화하는 것은 충분히 가능하다고 볼 수 있다.[26] 이 같은 기술적 전략은 "최고의 쾌락과 최소의 고통을 도모하는" 공리주의의 최대행복의 원리나, "긍정적 정서를 통해 주관적 행복감을 고취하고 즐거운 삶을 도모하는" 긍정심리학의 전략과 맥락을 같이 한다. 무엇보다 기술적 수단을 통해 긍정적 정서를 고취하고, 행복을 느끼는 것은 개인적 차원에 국한되는 것이 아니라 사회적 차원으로도 확장 가능하다. 즉 이타심, 신뢰감, 동정심 같은 긍정적 정서가 활성화된다면 타인과의 관계가 원만해질 뿐만 아니라 사회 전체가 매우 행복한 상황을 지속할 수 있게 된다.

(2) 덕목의 향상과 인간의 행복

다음으로 덕목의 향상은 인간의 행복을 증진시킬 수 있다는 입장이다. 일례로 페르손(I. Persson)과 사불레스크(J. Savulescu)는 대량 살상무기의 위험, 기후변화, 환경오염 등 인류가 직면한 현재의 위기상황에 대해 전통적인 도덕교육으로는 그 상황을 넘어설 수 없으며, 보완책으로서 유선공학과 신경생물학 분야의 기술을 통해 인간의 도덕성을 향상시킴으로써 그 위기를 돌파해야 한다고 역설한다.[27] 그들은 인류가 과학기술을 통해 자신들의 삶의 조건을 급격하게 변화시켰지만, 인간의 도덕심리는 동일하게 남아 있는 상태라는 점을 지적하면서, 기술적 능력과 도덕적 능력간의 불일치를 교정하지 않는다면 매우 심각한 문제를 초래할 것이며, 이러한 문제의 해결책으로서 '도덕적 향상'(moral enhancement)을 제안하고 있다.[28] 도덕적 향상은 인간이 약물 치료와 유전공학 관련 기술을 통해 도덕적 교의를 내면화하여 행동에 옮길 때 이루어지는 것이다.[29] 일례로 정의감과 이타성이라는 도덕적 성향은 문화적인 수단 이외에 여타의 수단으로도 획득 가능하지만, 중요한 것은 생물학적 토대를 갖는다는 점이다. 즉 정의감과 이타성을 증가시키기 위해 생명공학기술을 분별력 있게 사용한다면, 생물학적 요인의 확장을 통해 적절한 도덕적 향상을 이루어낼 수 있다.[30] 결국 첨단 과학기술이 도덕성 향상을 가져올 수 있는 가능성에 대해 유연한 태도를 지녀야만 인간은 인간 본성의 한계를 극복하고, 기술진보의 헤로움과 위험을 해쳐나갈 수 있다는 것이 그들의 핵심주장이다.[31]

또 다른 사례로서 워커(M. Walker)의 유전적 덕목 프로젝트 (Genetic Virtue Project, GVP)는 덕목의 향상을 행복과 직접적으로 연관시키고 있다는 점에서 주목할 만하다. GVP는 덕스러운 행동에 대한 생명공학의 유전적 상관관계를 이용하여 우리의 삶을 윤택하게 만들고, 세계를 보다 좋은 곳으로 만드는 프로젝트다. 즉 생물학을 통해 우리의 도덕적 본성에 긍정적 영향을 미치기 위한 제안으로서, 생명공학기술을 사용하여 세상에서 악을 감소시키고 선을 증진시키기 위한 적극적 노력을 담고 있다. 이 제안에는 두 가지 중요한 전제가 있다. 첫 번째, 윤리학에서 말하는 덕(virtue)은 심리학적 의미에서 '지속적인 행동'으로 간주되는 인격 특성(personality traits)이라는 점이다. 워커는 "덕스러운 행위는 확고하고 변하지 않는 성격으로부터 나오는 것"(아리스토텔레스), "덕은 우리의 본성과 일치하는 좋은 습관"(아우구스티누스)같은 언급과 "인격 특성은 시간과 상황을 가로질러 안정화된 지속적인 행동"이라는 언급의 유사성에 주목한다. 한마디로 덕과 인격 특성이 다르지 않다는 것이다. 두 번째, 인격 특성이 적정한 유전력을 보여준다는 점에서 인격 특성과 유전학의 밀접한 연관성에 주목한다. 유전자는 지속적인 행동에 영향을 미치기 때문에 덕을 증진하는 방식으로 생명공학기술을 사용할 수 있다는 것, 도덕적인 의미에서 인간을 개선시키는 수단으로 사용할 수 있다는 것이다. 다시 말해 유전자는 인간의 행동에 영향을 미치므로 개개인의 유전자를 변형하면 유전자가 행동에 미치는 영향을 바꿀 수 있다는 것이다.[32] GVP는 도덕적 개선에 대한 윤리적 이상을 DNA의 4개 분자, 아데닌(anedine), 구아닌(guanine), 사이토신(cytosine), 타이민(thymine)의 배열로 성취할 수 있다는 것인데, 구체적인 방법으로는 배아에서 가치 있는 유전자를 선택하는 착상 전 유전자 진단을 사용하거나 인간 수정란을 유전적으로 공학화하는 것이다. GVP는 윤리학과 윤리학자들의 지향하는 행복한 삶, 행복한 세상을 만들어나가는 데 상호보안적인 수단으로 작동할 수 있다고 확신한다. 즉 인성교육을 통해 덕목을 기르는 것이나, 덕목을 획득하는 데 영향을 미치는 유전자를 증진시키는 것은 덕스러운 인간, 행복한 세상 만들기라는 동일한 목표로 나아가는 다른 수단이다.[33] 나아가 좋은 인간, 행복한 세상을 열어나가는 데 기존의 윤리적 방식이 미진하거나 한계를 노출한다면, 후자의 방식을 적극적으로 고려하는 것은 대단히 합리적이라는 것이다.

도덕적 향상 프로그램이나 유전적 덕목 프로젝트는 상이한 문제의식에도 불구하고 "덕의 함양은 인간을 행복하게 만들어준다"는 전제 아래 '덕스러운 인간'을 목표로 한다는 점에서 공통적이다. 이러한 측면에서 트랜스휴머니즘의 행복론은 논란의 여지에도 불구하고 아리스토텔레스의 실천적 행복론과 연계시켜 다음과 같이 유추해볼 수 있을 것이다. 생명공학기술을 통해 인간은 덕스러운 인간으로 개선될 수 있으며, 이러한 방식으로 개선된 인간은 타인의 행복을 무시하거나 짓밟지 않고 공존의 행복을 도모할 만큼 합리적 욕구를 지닌 자이며, 이러한 합리적 욕구를 실현하면 할수록 개인의 행복은 증가할 것이다. 나아가 덕스러운 인간이 많아질수록 사회는 한층 더 행복한 세상으로 변모할 수 있을 것이다. 단적으로 기술을 통한 덕목의 향상은 인간의 행복을 증진시킬 수 있다는 것이다.

4. 무엇이 가치 있는 삶인가

트랜스휴머니즘의 행복론의 특징은 첫째, 쾌락주의, 공리주의와 맥락을 같이 함으로써 쾌락적 행복 개념이 중점적으로 부각된다는 점. 둘째, 덕의 함양은 행복으로 이어진다는 가정 아래 덕목의 획득을 중요한 목표로 설정한다는 점이다.

(1) 쾌락적 행복 개념에 대한 비판

우선, 트랜스휴머니즘이 지향하는 정서적 측면의 향상은 쾌락적 행복 개념과 밀접한 연관성을 지니기에, 쾌락적 행복 개념에 대한 비판은 곧 트랜스휴머니즘 행복론에 대한 비판으로 이어질 수 있다. 아마도 쾌락주의 행복 개념에 대한 가장 강력한 비판은 노직

(R. Nozick)의 경험기계(the experience machine) 사고실험일 것이다. 노직은 우리가 즐거움을 느낄 수 있는 경험기계에 접속할 수 있는 옵션을 가지고 있음을 상상해보라고 권한다. 이 기계에 접속하면 현실보다 훨씬 즐거운 삶을 갖게 될 것이다. 이러한 사고실험과 관련하여 노직은 단호하게 대부분의 사람들은 경험기계에 접속하여 평생 즐거움을 느끼기보다 현실적 삶을 선택할 것이라고 확언한다. 왜냐하면 인생에서 가치 있는 것은 현실과의 실질적인 접촉에서 발생하는데, 기계 속에는 이것이 절대 불가능하기 때문이다. 그는 다음과 같이 단호하게 말한다.

(기계 안에서 누리는) 경험들 이외에 무엇이 우리에게 중요한가? 첫째, 우리는 (실제로) 무엇을 하고 싶어한다. (…) 둘째 우리는 어떤 방식으로 존재하길, 즉 어떤 종류의 인간이길 원한다. 경험기계에 연결되어 있는 사람은 무규정의 형체 없는 덩어리에 불과하다. 오랫동안 기계에 연결되어 있던 사람의 모습이 어떠할 것인가의 질문에 대답할 길이 없다. 그는 용감한가, 친절한가, 지적인가, 재치있는가, 사랑을 주는 사람인가? 문제는 단지 그가 어떤 사람인지 말하기 어렵다는 정도가 아니라, 전혀 말할 방도가 없다는 점이다. 기계에 연결되는 것은 일종의 자살행위다. (…) 셋째로, 경험기계에의 연결은 우리를 인조의 현실, 인간이 구축할 수 있는 것보다 더 심오하지도 중요하지도 않은 세계에 제한시킨다. 이 기계는 보다 심오한 현실에 대한 경험은 흉내낼 수 있겠으나, 그와의 실제적인 접촉을 줄 수 없다.[34]

노직은『무엇이 가치 있는 삶인가: 소크라테스의 마지막 질문』이란 책에서 경험기계 사고실험이 갖는 의미에 대해서 밝히고 있는데, 경험기계 사고실험은 기계에 연결되는 사람이 극도로 끔직한 인생, 이를테면 고문을 낭하면서 사는 인생보다 낫느냐고 묻는 것이 아니라, 인생에서 중요한 것은 마음속 느낌뿐이니까 그렇게 사는 것이 좋은 삶이냐고, 가장 잘 사는 길이냐고 묻는 것이다. 그에 따르면, 경험기계의 우울한 측면 중 하나는 인간이 자신만의 환상 속에서 홀로 있는 것이다. 그가 쾌락을 추구하고 고통을 피하는 쾌락원칙(pleasure principle)보다 현실과의 실제적 접촉을 중시하는 현실원칙(reality principle)을 중시하는 것도 행복한 삶을 구현하는 주체의 능동성을 강조하기 위함이다.[35]

　이와 유사한 맥락에서 쾌락을 추구하는 과정에서 이전에 경험했던 쾌락보다 더욱 강한 쾌락을 원하게 되고, 밑 빠진 독에 물붓기와 같이 그 어떤 것도 완전한 만족을 주지 못해 결국 무기력함에 빠진다는 쾌락주의 역설(the paradox of hedonism)이나, 우리가 간절히 원했던 목표를 달성했을 때 기쁨과 더불어 우울한 감정이나 공허감이 생겨난다는 '성취의 멜랑콜리'에 주목한다면, 굳이 행복을 아리스토텔레스가 말하는 자기실현적 행복개념으로 이해하지 않고, 주관적 경험으로서 이해한다고 하더라도 강도와 지속성의 측면에서 쾌락적 행복이 갖는 한계를 명확하게 알 수 있다. 행복을 쾌락적 행복의 맥락에서 순간적이고, 일회적인 즐거움의 상태 그 이상으로 보려는 입장이 설득력이 있는 것도 바로 이 때문일 것이다.

두 번째, 기술적 향상을 통해 얻은 주관적 행복이 진정한 행복인가의 문제 역시 제기될 수 있다. 신경 약물에 의한 향상은 행복을 삶의 크고 작은 난관을 이겨내면서 어렵게 성취하는 가치로서의 행복이 아니라 마음만 먹으면 언제든지 손쉽게 확보가능한 즐거움에 역점을 둠으로써 인간의 성취와 노력을 무의미한 시도로 간주할 위험이 있는 것이다. 아마도 헉슬리(A. L. Huxley)의 『멋진 신세계』는 매우 적절한 예시가 될 것이다. 주지하다시피 총통은 '소마'라는 알약으로 인간의 감정을 완벽하게 통제하면서 쾌락과 안정화된 세상을 지향하지만, 야만인은 그러한 안락한 삶을 거부하고 '불행해질 권리'를 요구한다. 그의 이러한 요구는 사랑, 분노, 공포 등 인간 본연의 정서가 우리 삶에서 얼마나 의미 있고 중요한지, 예측불가능한 위험 가운데서도 자유가 보장되는 삶이야말로 진정으로 행복한 삶이라는 생각을 담고 있다. 즉 야만인의 '불행해질 권리'는 손쉽게 얻을 수 있는 쾌락적 행복을 거부하고, 온갖 난관을 극복하고 어렵게 성취하는 행복이 진정한 행복을 보여주는 표현이다.

세 번째, 공리주의의 방식으로 행복과 불행, 고통과 쾌락을 철저하게 대립적 구도로 설정하는 시도 자체의 한계다. 트랜스휴머니즘은 행복은 고통의 부재이며, 따라서 행복을 위해서라면 고통이나 부정적 정서는 반드시 제거되어야 요소로 이해한다. 이러한 측면에서 트랜스휴머니즘의 정서 이해는 공리주의와 긍정심리학에 대한 비판과 동일한 선상에서 지나치게 일면적이고 단순하다.

부정적 정서는 긍정적 정서에 못지않게 인간 삶에서 중요하며, 행복을 이루는 중요한 요소로서 영향을 미친다.[36] 일례로 박찬국은 다음과 같이 말한다.

> 감각적 쾌락주의에 빠진 사람들은 행복을 비애나 고통이 전혀 존재하지 않는 상태라고 생각하지만, 육체적 고통이나 정신적 고통은 인간 존재의 일부이며 인간은 그것에서 피할 수 없다. 따라서 진정한 의미에서 행복한 인간은 비애나 고통이 없기를 바라지 않고 그러한 비애와 고통에도 불구하고 정신적인 평정과 기쁨을 유지할 수 있는 인간이다. 우리 인간은 살아가면서 많은 슬픔과 고통을 맛보고 이러한 슬픔과 고통으로 인해 좌절할 수도 있지만, 그것들로 인해 더욱 겸손해지고 타인들과 공감할 수 있는 능력이 더 커질 수도 있으며 삶의 의미를 다시 생각하면서 보다 진지하면서도 의미로 충만한 삶을 살아갈 수도 있다.[37]

인간 삶에서 고통을 배제한 행복은 현실을 감안하지 않은 진공 상태의 행복일 것이다. 흔히 행복한 인간을 상정할 때, 고통 없는 상태에 있는 인간보다 고통에도 불구하고 어렵게 일구어낸 모습을 떠올리는 것도, 자기실현적 행복이 쾌락적 행복보다 도덕적 지위 면에서 가치 있다고 주장하는 것도 바로 이 때문일 것이다.

네 번째, 트랜스휴머니즘은 기술적 수단을 통해 확보된 행복이야말로 긍정적인 의미에서 개인적 차원에 국한되는 것이 아니라 사회적 차원으로 확장가능하다고 주장하지만, 지나친 낙관론적 입장이라 할 수 있다. 행복을 극대화하는 방향은 여전히 자기 자신을 위한 행복의 배타적 추구로 이어질 수 있는 위험이 있기 때문이다. 아리스토텔레스가 적절하게 지적하듯이, 쾌락적 행복이 지향하는 욕구는 합리적 욕구를 벗어날 가능성이 농후하다. 인간이 살아가면서 자신의 욕망을 건강한 방식으로 실현하기 위해서는 철저한 자기성찰에 기반한 노력이 전제되어야 한다면, 트랜스휴머니즘은 그 노력의 무게감을 간과하고 있다.

(2) 도덕적 향상에 대한 비판

덕의 함양은 행복으로 이어진다는 가정 아래 덕목의 획득을 중요한 목표로 설정하는 도덕적 향상에서 비판의 초점은 과연 기술적 수단으로 덕목의 진정한 함양이 이루어질 수 있는가 하는 점이다. 이 문제를 중심으로 트랜스휴머니즘 행복론을 검토해보자. 우선, 아리스토텔레스적 의미에서의 덕의 함양과 도덕성 향상 프로젝트에서 말하는 덕의 함양은 큰 차이가 있다는 점에서 후자를 진정한 의미에서 덕의 함양으로 보기 어렵다는 것이다. 트랜스휴머니즘은 덕스러운 행동을 보이는 것 자체가 덕목을 갖추었다고 보는 데 충분하다고 생각한다.[38] 그러나 아리스토텔레스가 말하는 덕스러운 자는 전체적으로 잘 사는 것, 즉 행복의 관점에서 합리적으로 욕구하고 선택할 수 있을 만큼의 도덕적 자기결정능력과 행위능력을 갖춘 자를 의미한다. 조터랜드가 적절하게 지적하듯이, 도덕적 향상은 한 인간의 도덕적 결정을 안내하고 행동에 대한 근거를 제공하는 판단의 자원으로서의 인격을 갖추지 못한 채, 단지 피상적으로 인격적 특성만을 보여줄 뿐이다.[39] 인격적 특성을 소유했다고 해서 그 사람에게 도덕적 행위능력에 합당한 자격을 부여하고 도덕적 정체성을 부여하기에는 매우 부족하다는 이야기다.

두 번째, 도덕성 향상 프로젝트를 통해 개선된 인간을 진정한 의미에서 행복을 실현하는 주체로 볼 수 있는가이다. 중요한 점은 도덕성 향상 프로젝트가 도덕적 행위자의 가치보다는 조작자의 가치를 투영한다는 점에서 도덕적 행위주체로서 행복을 실현해나가는 과정을 생략하고 있다는 것이다. 일례로, 새들러(J. Z. Sadler)는 인격적 자아의 특징을 다섯 가지 요소로 설명한 바 있다. 삶의 변화를 잘 통과해나가는 목적이 분명한 배우로서의 행위주체성(agency), 자기 자신을 타인과 세계로부터 구분함을 의미하는 정체성(Identity), 삶의 궤적(trajectory), 자기 자신만의 과거를 갖는다는 의미에서의 역사(history), 세계에 대한 독특한 견지와 경험을 포함한다는 의미에서의 관점(perspective)이 그것이다.[40] 인격적 자아의 다섯 가지 양상은 한 개인이 세계 안에서 독특한 위상을 갖고, 세계와 독특한 관계를 형성하며, 그 세계 안에서 독특한 역사와 관점을 갖는다는 것을 의미한다. 새들러의 인격적 자아의 특성을 적용해볼 때, 도덕적 행위주체 역시 끊임없이 배우고, 실수하고, 반성을 통해 교정함으로써 점점 덕스러운 인간으로 성장해가는 과정을 필수적으로 동반한다. 그러나 도덕적 향상 프로젝트에 의해 개선된 인간에게는 이 과정이 생략되어 있다. 따라서 도덕적 향상이 "인간 자신의 힘에 의해 자신을 스스로 변화시키는 경험을 제공하지 못하기 때문에 도덕적 존재로서 행복한 삶을 영위하는 데 필수적인 자기 효능감(self-efficacy)과 자기 확신(self-confidence)의 경험을 제공하지 못한다"는 지적은 매우 적절하다.[41]

세 번째, 도덕적 향상 프로젝트가 수행하는 도덕적 행동의 제어는 개인의 도덕성을 향상시키는 데 부족하다는 점이다. 도덕적으로 반응할 수 있는 능력과 도덕적 정당화와 동기화는 분명 차이가 있기 때문이다. 인간의 도덕적 행동을 제어하는 기술은 도덕성에 초점을 맞춘 것이 아니다. 이러한 기술들은 사람들이 특정한 상황에서 도덕적 자세를 취하도록 반응하는 방식을 기계적으로 변경할 뿐이다. 반면에 전통적인 도덕교육은 도덕성 함양을 위해 도덕적 행위의 정당한 근거를 입증하기 위한 '도덕적 정당화'(moral justification)와 행위를 인도하는 지침으로서의 '도덕적 동기화'(moral motivation) 작업을 매우 중요시한다. 따라서 도덕적으로 향상된 포스트휴먼이 우월한 도덕적 지위를 가졌다고 하더라도, 그 지위는 매우 취약한 기반에 있는 것이라 할 수 있다. 인간의 도덕적 성장이 도덕적 정당화와 동기화 속에서 배우고 실천하는 과정에서 이루어진다고 할 때, 결국 포스트휴먼은 도덕적 행위주체로서 행복한 삶의 비전을 갖추고 이를 구체화하는 데 실패할 가능성이 농후하다.[42]

5. '진정한' 행복은 무엇인가

인간 향상의 유형들 가운데 도덕적 향상은 인간의 행복을 적극적으로 개진한다는 점에서 큰 관심을 받는 동시에 논쟁의 여지가 많은 유형이다. 도덕적 향상에 동원되는 과학기술이 유용성 면에서 엄청나지만, 인간의 감정과 도덕성에 깊이 개입한다는 점에서 인간 정체성에 미치는 위험과 악영향 역시 고려하지 않을 수 없기 때문이다. 우리는 앞선 논의에서 트랜스휴머니즘의 행복론을 두 가지 관점에서 살펴보았다. 첫 번째는 인간의 감정을 자유자재로 제어하여 주관적 행복감을 극대화하는 것과, 두 번째는 덕목의 개선을 통해 행복한 삶을 영위하는 것이었다.

앞선 논의에서 살펴보았듯이, 자기실현적 행복 개념은 인간의 삶 전체와 연관이 있고, 인간의 욕구구조에 체화된 합리적 차원의 것이었다. 한마디로 행위자 자신의 일부로서 내면화된 것이다. 이런 측면에서 트랜스휴머니즘에서 말하는 행복은 자기실현적 행복 개념과는 전혀 다른 차원의 것으로 일종의 쾌락적 행복에 가까운 개념이라고 할 수 있다. 이 대목에서 다음의 연구는 주목을 필요로 한다.[43]

연구자는 실험대상자에게 좋은 삶, 즉 의미 있는 기획과 관계로 가득한 삶을 살아가고 있고, 주관적으로도 행복한, 즉 기쁘고, 만족스럽고, 자신의 삶을 즐기는 사람들의 시나리오와 주관적으로 행복하지만 나쁜 삶을 살아가는 사람들의 시나리오를 주었다. 이 시나리오에 대해 행복의 등급을 매기도록 요청받은 실험대상자들은 나쁜 삶을 살아가는 사람보다 좋은 삶을 살아가는 사람들이 훨씬 행복하다고 말하는 경향이 있었다. 심지어 두 그룹에서 사람들의 주관적 상태(심리학적 행복)가 아주 똑같다고 기술된다고 하더라도 그렇다는 것이다.

이러한 연구결과는 행복에 대한 우리의 통념이 순전히 심리학적인 것이 아니라는 것에 신빙성을 더해주며, 무엇보다 행복 개념은 객관적이고, 규범적인 요구를 만족시켜야 한다는 점이 함축되어 있다. 우리가 행복을 말할 때 사용하는 '진정한'이라는 단어는 이러한 요구를 담고 있는 수식어일 것이다. 기술적 수단을 통해 확보된 행복이 진정한 행복인가를 결정하기 위해서는, 우리는 심리학적 기술을 넘어 우리가 좋은 삶을 어떻게 형성하는지에 대한 규범적인 문제를 제기할 수밖에 없으며, 이런 맥락에서 트랜스휴머니즘의 행복은 한계를 드러낼 수밖에 없다는 것이다.

다음으로는 도덕성 함양을 통한 행복에의 도달의 문제점이다. 트랜스휴머니즘은 행복 추구의 맥락에서 도덕과 행복, 도덕적으로 개선된 인간과 행복한 인간의 공존가능성에 주목하지만, 양자간의 갈등과 대립은 쉽게 해소되기는 어려워 보인다. 도덕에 대한 관심과 행복에 대한 관심이 구분되지 않았던 고전 윤리학의 관점에서는 이해할 수 있는 전제이지만, 그럼에도 인간의 도덕성은 궁극적으로 행복에 대한 열망이 아니라 도덕적 존재로서 자기 스스로를 정립시키려는 순수한 의도에서 찾을 수 있기 때문이다. 군이 칸트(I. Kant)의 의무론적 관점을 끌어들이지 않더라도, "도덕적 삶이 과연 인간을 행복하게 할 수 있는가?"라는 질문에 대해 우리가 내놓는 상식적 답변을 생각해보아도 알 수 있다. 인간에게서 행복이 일종의 경향성(inclination)이라면, 도덕은 인간 존재의 자연적 경향성에 대립되는 개념이기 때문이다. 이런 측면에서 트랜스휴머니즘에서 지향하는 건강한 방식의 행복추구 전략은 지나치게 일면적이다.

도덕적으로 반응할 수 있는 능력이 포스트휴먼의 우월한 도덕적 지위를 결정짓는 요소라면, 포스트휴먼이 월등한 도덕적 지위를 확보함으로써 인간 행복에 기여할 것이라는 전망은 지나치게 낙관적이고 소박한 견해다. 행복에 대한 단선적 견해와 행복에 이르는 단순화한 절차로는 진정한 행복에 이르기에는 어렵기 때문이다. 마치 인간 존재를 생물학적 관점에서 완벽하게 분석한다 하더라도, 인간 이해에 대한 불충분성의 공백이 여전히 존재할 수밖에 없는 것과 같은 이치다. 결국 트랜스휴머니즘 행복론은 도덕적으로 개선된 인간이 거주하는 행복한 세상을 상정한다는 점에서 일종의 유토피아에 머무를 가능성이 농후하다. 그럼에도 불구하고, 과학기술의 진보는 거스를 수 없는 대세가 될 것이고, 이에 따라 인간 탐색의 경계는 더욱 확장될 것이다. 그리고 그 확장의 과정에서 인간의 행복은 가장 치열한 탐색을 필요로 하는 주제로 부각될 것이다.

제3장

인간 존엄성과 향상의 윤리[1]

1. 혼동 속의 존엄성, 쓸모없는 개념인가? 유용한 개념인가?

'존엄'(dignity)과 '향상'(enhancement), 이 장의 주축을 이루는 두 개념이다. 사실 두 개념은 상당 부분 연구가 이루어진, 말 그대로 식상한 개념이다. 그럼에도 이 두 개념을 주제로 삼은 것은 양자가 결합했을 때 생겨나는 논의의 '역동성' 때문이다. 인간 조건(human condition)의 불변성을 기초로 하는 '존엄성'과 인간 조건의 가변성을 기초로 하는 '향상'을 대면시키는 작업은 매우 중요한 학문적 의미를 지닐 수 있다는 판단에서다.

우선 존엄성부터 보기로 하자. 우리의 학문풍토에서 존엄성 개념은 그 중요성에 비해 엄밀한 의미부여 작업이 유보된 채 사용되고 있다. 이 같은 존엄성 개념의 의미적 혼란은 특히 생명윤리 영역에서 중요한 이슈에 대한 입장 정립을 매우 어렵게 하는 주요 원인이 되고 있다. 이런 측면에서 존엄성 개념의 정교화와 이에 따른 심도 있는 해명이 시급하다는 것은 이미 관련 연구자 그룹 사이에서 공감대를 형성하고 있다. 애덤 슐만(A. Schulman)은 다음과 같이 지적한다.

인간 존엄성, 이것은 생명윤리 이슈들의 전 영역에 걸쳐 중요한 빛을 비추는 유용한 개념인가? 아니면 보다 정확한 다른 개념들에 대한 모호한 대체물, 최악의 경우 확신이 없는 논증과 분명치 않은 선입견을 위장하는 단순한 슬로건에 불과한 그저 쓸모없는 개념인가? (…) 생명의료적 '향상'에 대한 예를 들어보자. 만일 과학이 강제적이고 고통스런 기억들의 정서적 무게로부터 우리를 해방시켜 줄 수 있는 약을 개발했다면, 그 약을 고통과 실망 속에 있는 사람들이나 끔찍한 사건을 목격한 사람들에게 자유롭게 주는 것이 윤리적으로 허용될 수 있을까? 한 가지 답변은, 과거 불운했던 정서적 억압으로부터 불쌍한 사람들을 해방시켜 줄 수 있다는 약속 아래, 그러한 발명품은 인간 자유, 자율성, 그리고 존엄성을 위한 향상으로 무조건적으로 수용되어야 한다는 것이다. 또 다른 답변은 인간의 통합성(Integrity)과 존엄성은 우리가 우리 자신의 고통스런 기억을 대면하고, 가능하다면 그것을 다루는 법을 배우고, 알약을 삼킴으로써 그 기억들을 몰아내지 않을 것을 요구한다는 것이다. 세 번째 답변은 존엄성과 자율성, 이에 따른 자발성의 권리와 충분한 설명에 의한 동의 능력을 갖춘 개인으로서, 이 결정은 적절하게 그 개인에게 맡겨야 한다는 것이다.[2]

그의 도발적인 지적은 생명윤리에서 존엄성 개념이 얼마나 큰 논란이 되고 있는지, 나아가 존엄성 개념에 대한 정교한 접근이 왜 필요한지를 명백하게 보여주면서, 존엄성 개념에 대한 상이한 관점과 이해가 어떤 도덕적 판단을 이끌어내는지를 잘 보여주고 있다. 다시 말해 존엄성 개념은 그 의미의 애매함 때문에 서로 다른 결론들을 지지하는 논거로 쓰이고 있는 실정이다. 슐만의 지적은 생명윤리에서 존엄성 개념이 얼마나 큰 논란이 되고 있는지, 나아가 존엄성 개념에 대한 정교한 접근이 왜 필요한지를 매우 명백하게 보여준다. 일례로, 존엄성 개념의 문제성은 다음과 같은 언급에서 볼 수 있다.

- "인간 존엄성은 정치인들이 남용하기 좋아하는 개념들 가운데 하나지만, 거의 어느 누구도 명료화하거나 설명하지 않는 개념이다."

  —프랜시스 후쿠야마(F. Hukuyama)

- "인간 존엄성이라는 개념은 어떤 기술적 내용도 가지고 있지 않은, 단순히 규범적으로 굳어진 구호일 뿐이며, 지극히 다양한 정치적 목적으로 이용되고 있다. 일종의 '이데올로기적 무기'로 사용된다."

  — 회르스터(N. Hoerster)

- "인간 존엄성이라는 모호하지만 강력한 사상"

  —로널드 드워킨(R. Dworkin)

- "'존엄성'은 안락사와 조력자살을 찬성하고 반대하는 도덕적 논증에

서 자주 등장하지만, 명료성의 결여로 논란이 되고 있는 개념이다."

—다니엘 설매시(D. P. Sulmasy)

- "존엄성 개념은 생명윤리적 성찰의 합의를 위한 기초를 제공하는
  데 어떤 도덕적 무게도 지니지 않는다."

— 조터랜드(F. Jotterand)

- "자율성의 존중에 지나지 않는 것처럼 보이는 쓸모없는 개념", "문
  제는 존엄성에 대한 호소가 존엄성 개념에 대한 정의와 분석의 시도
  없이 지속적으로 팽배해 있다는 것"

—맥클린(R. Macklin)

이 같은 존엄성 개념의 유용성과 관련한 논쟁은 존엄성 개념의
'폐기'가 아니라 존엄성 개념에 대한 정확한 이해의 시도로 대체
되어야 한다. 전반적으로 존엄성 개념은 분류 기준과 명칭에는 다
소 차이가 있지만 '내재적 존엄성'(intrinsic Dignity)과 '속성적 존엄
성'(attributed dignity)으로 구분될 수 있으며,[3] 전자는 안락사, 조력
자살 등을 반대하는 데, 후자는 안락사와 조력자살 등을 찬성하는
데 사용되어 왔다.

트랜스휴머니즘도 예외는 아니다. 트랜스휴머니즘을 반대하는
쪽에서는 당연히 인간향상기술이 인간을 탈인간화할 수 있다는 가
능성에 초점을 맞춤으로써 그 기술을 인간 존엄성에 대한 심각한
위협이나 침해로 간주하고 있으며, 트랜스휴머니즘을 찬성하는 쪽
에서는 인간의 내재적 존엄성을 거부하고, 속성적 존엄성만을 인

정하면서, 인간 존엄성과 포스트휴먼 존엄성이 양립가능하며, 따라서 포스트휴먼 시대의 인간 역시 존엄하다는 주장을 펼친다.[4] 이러한 차이와 구분에도 불구하고 존엄성 개념을 둘러싼 논란은 쉽게 사그러들지 않는다.

실제로 트랜스휴머니즘의 맥락에서 인간 존엄성을 논의하는 데 어려움은 트랜스휴머니즘이 인간 조건의 불변성을 거부하는 가운데,[5] 내재적 존엄성과 속성적 존엄성을 구분하지만, 양자간의 연관성을 인정하지 않는다는 점, 나아가 트랜스휴머니즘이 인정하는 속성적 존엄성의 외연은 전통적인 인간 종을 넘어선다는 점이다. 인간의 '주어진' 본성과 내재적 존엄성을 거부하는 동시에 인간 존엄성을 유지하려는 트랜스휴머니즘의 주장을 어떻게 볼 것인가? 이 장은 존엄성 개념의 명료화를 통해 트랜스휴머니즘이 지향하는 '향상의 윤리'(the Ethics of enhancement)와 관련한 논쟁을 검토하는 것이다. 인간 존엄성은 안락사, 조력자살 등 특별한 윤리적 이슈뿐만 아니라 생명윤리 전반에서 폭넓게 사용되고 논의되어 온 개념이다. 특히 인간의 생물학적 본성을 극복하고, 인간 능력을 향상시키려는 트랜스휴머니즘의 등장은 존엄성 논의의 새로운 국면과 맥락을 만들어놓았다. 이런 측면에서 호모 사피엔스(homo sapiens)에서 호모 테크니쿠스(homo technicus)로의 급진적 진화를 모색하는 트랜스휴머니즘에서 인간 존엄성은 매우 중요한 개념이다.

2. 존엄성의 구분과 그 정의

(1) 존엄성 개념의 역사적 용례

존엄성 개념은 역사적인 측면에서 다양한 기원을 가진다. 이 개념이 역사적으로 어떻게 사용되어 왔는지 그 용례를 살펴보는 이유는 존엄성 개념의 분류를 위한 밑그림을 제공하기 때문이다.[6] 역사적 맥락에서 존엄성 개념의 용례를 살필 때 가장 우선적으로 주목할 수 있는 것은 탁월성(excellence)에 기초를 둔 존엄성 개념이다.[7] 예를 들어, 로마의 철학자 키케로는 존엄성(dignitas)을 "타인의 주목과 명예를 받을 만하고, 존경할 만한 가치가 있는 사람의 명예로운 권위"로 규정한다.[8] 즉 존엄성은 일차적으로 '가치 있음'(worthiness)이고, 나아가 한 사람의 지위, 평판, 사회적 지위를 의미하기도 한다. 여기서 주목할 만한 것은 존엄성은 타인의 주관적 평가에 달려 있는 것이 아니라, 인간의 진정한 탁월성의 범례로 모든 사람들에게 인정받을 만한 능력에 달려 있다는 점이다. 그는 다음과 같이 말한다.

인간의 본성 중에서 뛰어난 것(exellence)과 가치 있는 것(존엄성, dignity)을 고려하고자 한다면, 우리는 사치와 낭비로 타락하고 향락 속에서 유약하게 사는 삶이 얼마나 추하며, 반면에 정신을 바짝 차려 근검 절제하며 진지하고 단순하게 살아가는 것이 그 얼마나 도덕적으

로 선한가를 이해하게 될 것이다.[9]

　다시 말해 존엄성을 가졌다는 것은 인간 존재로서 자신의 탁월성 때문에 타인으로부터 합낭한 정도의 존중을 받는다는 것이다. 예를 들어 치명적인 병이나 부상에 직면한 사람, 극심한 고통 속에 있는 환자가 죽음의 공포를 두려워하지 않고, 자신의 한계와 유한성에 과감히 맞설 때 우리는 그를 탁월성에 기초를 둔 존엄성을 가졌다고 할 수 있다.

　두 번째로는 상대적 가치에 기반을 둔 존엄성이다. 이러한 존엄성 이해는 영국의 경험론적 전통, 특히 홉스(Th. Hobbes)와 흄(D. Hume)에게서 볼 수 있다. 예를 들어 홉스는 존엄성 개념에서 탁월성과의 연관성을 제거하고 오로지 시장에서 통용되는 가치로 의미를 국한시켰다. 그는 다음과 같이 말한다.

　인간의 '값어치'(value) 또는 가치(worth)는 다른 모든 것과 마찬가지로 그의 시가(時價, price)이다. 즉 그가 사용하는 힘의 양에 상응하는 것이다. 그러므로 그것은 절대적인 것이 아니라 다른 사람의 필요와 판단에 달려 있다. 군대의 유능한 지휘관은 전쟁 중이거나 혹은 전쟁이 임박한 상황에서는 시가가 매우 높지만 평화시에는 그렇지 않다. 학식 있고 청렴한 법관은 평화시에는 시가가 높지만 전시에는 그렇게 높지 않다. 그리고 다른 물건들도 다 그렇듯이, 인간의 경우에도 파는 자가 아니라 사는 자가 그 시가를 결정한다. 예를 들어 어떤 사람이 자신을 최

고의 가치로 평가한다고 해도 (사실상 대부분의 사람들이 그러고 있지만)
그의 실제 가치는 다른 사람의 평가 그 이상은 아니다.[10]

홉스에 따르면, 사람의 가치는 힘을 행사할 수 있도록 그에게
주어진 만큼의 값과 같다. 사람은 누구나 자신의 값을 최대한 매기
려고 하나 참된 값은 다른 사람에 의해 인정된 것 이상일 수는 없
다. 값을 정하는 것은 파는 사람(seller)이 아니라 사는 사람(buyer)
이다. 결국 홉스적 의미에서의 존엄성은 절대적인 것이 아니라 다
른 사람의 필요나 판단에 종속되는 가치인 것이다.

세 번째로는 내재적 가치에 기반을 둔 존엄성이다. 이러한 이해
는 명시적으로 칸트에 의해 이루어졌다. 그에게서 존엄성은 홉스
와는 달리 가격을 매길 수 없고, 교환불가능한 내재적 가치로 이해
된다. 특징적인 점은 존엄성에 대한 칸트의 견해가 인간 탁월성에
대한 평가에 토대를 둔 것도 아니고, 타인에 대한 누군가의 가치부
여에 토대를 둔 것이 아니라 그 사람의 인간성 자체에 토대를 두었
다는 점이다. "인간성 자체가 존엄성이다"라는 그의 언급은 인과의
법칙이 지배하는 현상의 세계에서 모든 것은 가격으로 환산될 수
있으나, 목적의 세계에 존재하는 인간은 이성적 주체로서 그 무엇
으로도 대체할 수 없는 존엄성을 갖는다는 것을 의미한다. 그는 다
음과 같이 말한다.

목적들의 나라에서 모든 것은 가격을 갖거나 존엄성을 갖는다. 가격을

갖는 것은 같은 가격을 갖는 다른 것으로도 대치될 수 있다. 이에 반해 모든 가격을 뛰어넘는, 그러니까 같은 가격을 갖기를 허용하지 않는 것은 존엄성을 갖는다. 보편적인 인간의 경향성 및 필요들과 관련되어 있는 것은 시장가격을 갖는다. 필요와 상관없이, 어떤 취미나 순전히 무목적적인 유희에서 우리 마음 능력의 흡족함에 따르는 것은 애호가격(affektionspreis)이다. 그러나 그 아래에서만 어떤 것이 목적 그 자체일 수 있는 그런 조건을 이루는 것은 한낱 상대적 가치, 다시 말해 가격을 갖는 것이 아니라 내적 가치, 다시 말해 존엄성을 갖는다. 무릇 도덕성은 그 아래에서만 이성적 존재자가 목적 그 자체일 수 있는 조건이다. 왜냐하면 그를 통해서만 목적들의 나라에서 법칙수립적인 성원이 존재할 수 있기 때문이다. 그러므로 윤리성과 윤리적일 수 있는 한에서의 인간성만이 존엄성을 가지는 것이다.[11]

칸트가 내재적 차원의 존엄성을 강력하게 주장하면서 내세웠던 근거는 도덕법칙을 스스로 수립하고, 선한 의지를 올바로 실행할 수 있는 인간의 능력이다. 칸트는 이러한 통찰로부터 그 유명한 목적성의 원칙을 담고 있는 도덕규칙을 정립한다. "너 자신의 인격에서나 다른 모든 사람의 인격에 있어서 인간을 항상 동시에 목적으로 대하고, 결코 한낱 수단으로 대하지 않도록, 그렇게 행위하라."[12] 인간이 목적 그 자체로 상정해야 할 인간성이란 도덕성의 주체로서 갖추어야 할 인간성인 것이다. 특히 이 장에서 중점적으로 살펴보고자 하는 내재적 존엄성과 속성적 존엄성은 서양 근대 이

후 인간 존엄성에 대해 절대적 가치를 부여하는 칸트의 도덕철학과 상대적, 경험적 가치를 부여하는 경험론적 전통에서 그 기원을 찾을 수 있다.[13]

(2) 내재적 존엄성과 속성적 존엄성의 분류

존엄성 개념을 가치론적 맥락에서 살펴보는 이유는 내재적 존엄성과 속성적 존엄성의 유래와 그 관계를 살필 수 있는 중요한 계기를 제공하기 때문이다. 이러한 두 가지 존엄성을 내재적 가치, 속성적 가치와의 관계 속에서 살펴보자.

우선 내재적 가치(intrinsic value)다. 내재적 가치는 사물의 내재적 본성과 우주 안에서의 고유한 위상 때문에 갖게 되는 가치로서 외부의 가치평가자에 의해 부여되는 것이 아닌 객관적으로 발견되는 것이다.[14] 특징적인 점은 내재적 가치는 자연종(Natural Kind)에만 관계하지,[15] 개별적 대상이나 인공물에 관계하지 않는다는 점이다. 나아가 특별한 자연 종에 속한 개별적 성원의 내재적 가치는 항상 동일한 자연종의 다른 성원의 가치와 동등하다는 점이다. 속성적 가치와는 다르게, 한 사물의 내재적 가치는 등급을 인정하지 않으며, 양도할 수 없고, 사물 그 자체로 분리될 수 없다는 것이다.[16] 한마디로 내재적 가치는 사물 그 자체로부터 분리될 수 없다. 여기서 주목할 부분은 동일한 자연종의 모든 성원들이 동등한 내재적 가치를 갖는 반면에, 동일하지 않은 자연종 간의 가치는 일종의 등급이 인정될 수 있다는 점이다. 예를 들어 인간은 동일한 자연종으로서 여타의 인간과 동일한 내재적 가치를 지니지만, 인간이 흙과 비교될 경우 차이가 존재할 수 있다는 것이다. 이러한 측면에서 내재적 가치는 단순내재적 가치(simple intrinsic value)와 상위내재적 가치(high intrinsic value)로 구분될 수 있는데, 이를 흙과 인간에 적용한다면, 흙의 가치는 전자에 해당되고, 인간 존재의 가치는 후자에 해당된다. 이런 측면에서 우리가 앞으로 살펴보게 될 내재적 존엄성(intrinsic Dignity)의 출처는 결국 상위내재적 가치라고 볼 수 있다.

이에 반해 속성적 가치(attributed value)는 가치 평가자를 필요로 하는 가치로서, 어떤 속성을 가지고 있기 때문에 지니게 되는 가치를 말한다. 여기서 속성이란 어떤 개별적 대상, 정황, 개념, 기타 사물의 종류에 가치를 부여할 수 있는 성질을 말한다. 속성적 가치에는 도구적 측면도 있고, 비도구적 측면이 있다. 예를 들어 어떤 자동차가 나의 출퇴근에 도움이 된다면, 그것은 도구적 가치를 지니지만, 더 이상 몰 수 없는 오래된 자동차임에도 수집용으로서 나에게 어떤 기쁨을 가져다준다면, 그것은 비도구적 가치를 가진 것이다. 따라서 속성적 가치는 속성적 도구적 가치와, 속성적 비도구적 가치로 구분할 수 있다. 어쨌든 모든 속성적 가치는, 어떤 사물은 다른 사물보다 평가자와 관련하여 더 많은 가치를 갖게 된다는 점에서 '정도'를 받아들이며, '맥락'과 '조건'에 의해 결정된다.[17]

설매시(D. Sulmacy)에 따르면, 내재적 존엄성(intrinsic Dignity)은

자연종이 가질 수 있는 최고 수준의 내재적 가치를 지시할 때 사용하는 단어다. 즉 상위 내재적 가치에서 비롯되는 것으로서, 내재적 존엄성을 가진 자연종의 특징은 언어, 합리성, 사랑, 자유의지, 도덕적 행위 능력, 미적 감수성 등 고차원적으로 발전된 '종-전형적인(species-typical) 능력들'을 포함한다.[18] 그렇다고 종-전형적인 능력에 따른 차등을 둔다는 말은 아니다. 내재적 존엄성은 오로지 인간이기 때문에 인간 존재가 가지는 값어치, 위상, 가치를 의미한다.[19] 어쨌든 내재적 존엄성을 가진 유일한 자연종이 인간 자연종임을 가정한다면, 이러한 '내재적 인간 존엄성'은 칸트가 "인간성 그 자체가 존엄성"이라고 천명했던 '존엄성'의 방식이며, 나아가 세계인권선언에서 밝히고 있는 '존엄성'의 방식이라고 볼 수 있다.[20] 예를 들어 "인종차별주의는 인간 존엄성의 위반이다"이라고 말할 때, 여기서의 '존엄성'은 인간의 선택에 의해 부여되거나 만들어진 가치가 아니라 인간 속성에 우선하는 가치를 가리킨다는 측면에서 내재적 존엄성을 가리킨다고 볼 수 있다.

이에 반해 속성적 존엄성(attributed dignity)이란 귀속의 행위를 통해 부여하는 값어치, 위상, 혹은 가치를 의미한다. 이러한 가치를 부여하는 행위는 개별적으로 혹은 집단적으로 이루어지며, 항상 선택을 포함한다. 속성적 존엄성은 창조된 가치이며, 가치의 인습적 형식(conventional form)을 구성한다.[21] 예를 들어 "극단적인 빈곤은 존엄성을 무너뜨리는 삶의 조건을 만들어낸다"고 말할 때, 여기서의 '존엄성'은 일종의 '품위'와 같은 의미로서 속성적 방식에서 사용한 것으로 볼 수 있다.

여기서 주목해야 하는 것은 속성적 존엄성의 출처와 내재적 존엄성과의 관계설정이다. 우선 속성적 존엄성은 '속성적 비도구적 가치'의 부분집합이다. 여기서 부분집합이라고 말하는 것은 속성적 존엄성의 범위를 자연종에만 국한시키고, 인공물에는 허용하지 않는다는 점에서 비롯된다. 예를 들어 벽돌은 건축과정에서 도구적, 속성적 가치를 지니지만, 벽돌의 문양이나 형태가 미적 가치를 유발할 경우 벽돌은 속성적, 비도구적 가치를 지닌다. 그렇다고 해서 이 벽돌을 존엄성을 가졌다고 말하지 않는다.[22] 결국 속성적 존엄성이라 하더라도, 내재적 존엄성을 애초부터 가지는 자연종과 관련하여 속성적 의미맥락 안에서만 사용될 수 있다는 점이다.[23] 이런 측면에서 "속성적 존엄성은 속성적, 비도구적 가치의 부분집합이고, 내재적 존엄성을 가진 존재를 위해 예비된다"고 할 수 있다. 한마디로 "내재적 존엄성을 가진 자연종의 성원들에게 부여되는 비도구적 가치"가 속성적 존엄성이다.[24] 내재적 존엄성과 속성적 존엄성에 대한 이 같은 정의는 내재적 존엄성의 우선성을 토대로 양자간의 밀접한 연관성을 전제하고 있는 것이 특징이다.

3. 내재적 존엄성과 속성적 존엄성의 관계

(1) 개념 사용의 측면에서 본 내재적 존엄성의 우선성

설매시에 따르면, 존엄성 개념이 도덕적 유용성을 가지기 위해서는 그 개념을 임의적으로 사용해서는 안 되며, 의미들 간의 상호 연관성을 파악하면서 사용하는 것이 매우 중요하다. 특히 속성적 존엄성이 내재적 존엄성의 기초 위에서만 성립한다는 점을 보여주는 것은 양자간의 밀접한 연관성을 확보하는 데 있어 필수적이다. 존엄성의 내재적 의미가 속성적 의미보다 선행한다는 논변을 구성해보면 다음과 같다.[25]

① x가 속성적 가치를 가졌다고 말하는 것은 x가 개별적이거나 집단적 인 속성부여 행위 때문에 그러한 가치를 가졌다고 말하는 것이다. 이것은 속성적 존엄성의 정의에 의해 참이다.

② 인공물은 순전히 속성적 가치를 가지는 존재이다. 인공물의 가치는 그것을 만든 자에 의해 할당된다. 이러한 가치는 도구적일 필요는 없으나 대부분 도구적이다.

③ 내재적 가치는 사물의 종류가 있는 바 그대로 존재함 때문에 가지는 어떤 가치다.

④ 자연종들은 인공물이 아니다. ③의 예를 들어 증명하면, 각각의 자 연종은 내재적 가치를 지닌다. 왜냐하면 자연종은 주어지는 것이

지, 인공물과 같이 만들어지는 것이 아니기 때문이다. 자연종의 내재적 가치는 인간 선택의 결과가 아니다.

⑤ 자연종은 속성적 가치를 가질 수 있다. 이러한 속성적 가치는 도구적일 수도 있고, 비도구적일 수 있다.

⑥ 나에게 (혹은 속성을 부여하는 공동체에게) 속성적 가치를 지니는 자연종의 내재적 가치는 사물의 종류가 있는 바 그대로 있음 때문에 가지는 가치다. 이것은 ④와 내재적 가치에 대해 정의내리고 있는 ③에 의해 참이다.

⑦ 자연종 성원의 속성적 가치는 적어도 부분적으로는 사물의 종류에 내재적 가치를 부여하는 것에 의존한다. 따라서 한 자연종의 개별적 성원의 속성적 가치는 그것의 내재적 가치 위에서 형성된다.

⑧ 내가 존엄성이라고 불리는 가치를 특정 자연종의 성원인 개별적인 존재에 부여한다면, 그 존재는 우리가 내재적인 의미에서 존엄성이라고 불리는 가치를 지니는 자연종에 속하는 것에 틀림없다. 그러한 부여행위는 하나의 종(種)으로서 그 종이 가지는 가치에 기반하고 있다. 따라서 존엄성의 '속성'은 내재적 존엄성이라는 논리적으로 우선하는 가치의 승인에 좌우된다.

⑨ 따라서, 속성적 존엄성에 대해 언급하는 모든 것은 논리적으로, 언어적으로 내재적 존엄성을 전제한다.

예를 들어 내가 만일 속성적 존엄성을 어떤 사람에게 부여하고자 한다면, 기본적으로 내가 그를 인간이라는 자연종의 한 성원

(내재적 가치를 가진 종의 한 성원)으로서 선택한 것이고, 그런 다음에 나에게나 다른 사람에게 좋거나 유용한 어떤 특징을 주목한다는 것이다. 마찬가지로 내가 어떤 사람의 속성적 존엄성을 감소시키거나 박탈한다고 한다면, 그것은 우선 그 개인을 인간 자연종의 성원으로서 선발했지만, 기대와는 달리 내재적 존엄성을 지닌 존재에게 어울리지 않는, 일종의 품위를 손상시키는 행위로 인하여 그에게 속성적 존엄성을 박탈하거나 감소시키려고 한다는 것이다. 한마디로 누군가에게 속성적 존엄성을 부여하려면, 우선 기본적으로 그 개인을 존엄성이라는 호칭을 내재적으로 받을 만한 가치가 있는 자연종의 한 성원으로 인정해야 한다는 것이다. 이런 측면에서 존엄성이라는 단어의 속성적 사용의 논리와 문법은 그 존재의 내재적 존엄성에 대한 '암묵적인 승인'을 필요로 한다. 이러한 논변에 따른다면, 속성적 존엄성에 대한 모든 언급은 내재적 존엄성 개념을 전제한다고 볼 수 있다.

(2) 도덕적 측면에서 본 내재적 존엄성의 우선성

내재적 존엄성의 우선성은 도덕적 맥락에서도 확보할 수 있다. 이는 내재적 존엄성 개념이 가장 중요한 도덕적 의미를 지닌다는 것으로서, 결국 존엄성을 내재적으로 파악하는 것이 일반적인 측면에서 가장 도덕적 상식에 부합한다는 일종의 일관성 논변(Consistency Argument)에서 확보될 수 있다. 다시 말해 존엄성의 일차적 의미를 어떤 존재자는 가지고 있지만, 다른 존재자는 가지고 있지 않은 어떤 속성과 관련한 가치, 즉 속성적 존엄성으로 이해하여 그것을 보편적으로 적용했을 경우 '보편적으로 공유되고 정착된 도덕적 입장들' 가운데서 비일관성을 증폭시킬 수 있다는 것이다.[26] 결국 이러한 비일관성을 없애는 가장 유력한 대안은 존엄성을 내재적 가치에서 파악하는 것, 즉 존엄성의 내재적 의미에 도덕적 우선성을 할당하는 것이다. 존엄성을 속성적 의미에서 파악할 경우 제기될 수 있는 비일관성은 다음과 같은 것이다.[27]

첫째, 존엄성을 인간 삶의 쾌락과 고통의 양에 좌우되는 것으로 파악할 경우 나오는 비일관성이다. 만약 존엄성을 쾌락의 극대화라는 공리주의적 관점에서 파악할 경우, 쾌락을 추구하면서 자신의 삶을 허비하는 품위 없는 사람들에게서는 결코 찾아볼 수 없는 존엄성의 차원, 예를 들어 역경과 고난을 극복해나가는 사람들로부터 얻어낼 수 있는 인간 존엄성의 교훈적 의미를 부여할 수 있는 근거가 박약하다. 이러한 관점은 도덕성과 인간 존엄성에 대한 '허약한 설명'일 뿐이며, 사람들 대부분이 이러한 관점을 거절할 것이다.

둘째, 존엄성을 홉스적 의미에서 시장가격에 의해 좌우되는 가치로 파악할 경우 나오는 비일관성이다. 인간 존엄성을 이러한 관점에서 파악할 경우, 실직자, 중증장애인, 정신병자, 그리고 사회의 경제적 안녕에 기여할 수 없는 무력한 자들은 존엄성을 가질 수 없다고 봐야 한다. 이러한 홉스식의 존엄성에 대한 파악 역시 우리 대부분의 기본적인 도덕적, 사회적 견해와 부합하지 않는다.

셋째, 존엄성을 합리적 선택 능력을 적극적으로 구현하는 존재들에게 부여하는 가치로 이해할 경우 나오는 비일관성이다. 이러한 경우 역시 자유롭고 합리적인 선택을 할 수 없는 자들, 예를 들어 유아, 지체부자유자, 심각한 정신병자, 죄수, 혼수상태에 있는 자들은 인간 존엄성을 가지고 있지 않다고 보아야 한다. 일례로, 존엄성을 자유로운 선택의 실행으로 정의내리는 것은 결국 인간 삶에서 선택과는 무관한 질문들, 예를 들어 실존의 문제, 사랑, 죽음의 문제 등에 대해 해명할 수 없는 도덕체계에 이를 수 있다는 점이다. 따라서 인간 존엄성의 가장 기본적인 의미를 인간의 자유와 통제로 보아서는 안 된다.

넷째, 인간 존엄성을 철저히 주관적으로 규정할 경우 나오는 비일관성이다. 즉 존엄성이 한 개인의 주관적 가치로 환원될 경우 결국 존엄성에 대한 도덕적 공통분모를 확보하기 불가능하다는 점이다. 이러한 비일관성을 제거하기 위한 가장 유력한 대안은 결국 존엄성을 우리들 스스로가 인간이기 때문에 가지는 가치, 즉 내재적 의미에서 파악하는 것뿐이다.

나아가 내재적 존엄성이 존엄성의 기초적인 의미라는 결론은 매우 중요한 도덕적 함축을 가진다. 설매시에 따르면, 내재적 존엄성을 가진 자연종의 내재적 가치와 단순한 내재적 가치만을 가지는 다른 자연종을 구분하는 특징 가운데 가장 중요한 것은 도덕적 행위를 할 수 있는 종-전형적인 능력(a species-typical capacity for moral agency)이다.[28] 내재적 존엄성을 가졌고, 도덕적 행위능력을

가진 자연종의 모든 성원은, 자기 자신뿐만 아니라 내재적 존엄성
을 지닌 다른 어떤 존재에게도, 나머지 내재적 가치를 지닌 존재에
게도 도덕적 책무(moral obligations)를 갖는다는 것이다. 이러한 도
덕적 책무는 존엄성과 직접적으로 결부된 윤리의 근본원칙이라 할
수 있는데, 이를 형식화하면 다음과 같다.[29]

- 원칙 1: 내재적 존엄성을 가진 자연종의 모든 성원들을 존중해야 하
  는 완전한 책무의 의무
- 원칙 2: 하나의 자연종에 내재적 존엄성을 부여하는 능력들을 존중
  하는 완전한 책무의 의무
- 원칙 3: 내재적 존엄성과 부합하는 방식으로 처신해야 하는 의무
- 원칙 4: 내재적 존엄성을 가진 자연종의 성원들의 속성적 존엄성을
  가능한 범위 내에서 정립시켜야 하는 의무
- 원칙 5: 모든 다른 자연종의 내재적 가치를 존중해야 하는 의무
- 원칙 6: 원칙 1-5를 수행하면서 완전한 책무의 의무는 내재적 존엄
  성을 직접적으로 침해하는 방식으로 발휘되어서는 안 된다
  는 것

　내재적 존엄성의 도덕적 의무를 살펴보는 중요한 이유는, 어떤
인간 존재의 속성적 존엄성을 정립하는 의무가 논리적으로 인간
존재의 내재적 존엄성에 달려 있기 때문이다. 따라서 인간 존재의
속성적 존엄성을 정립하는 의무는 내재적 존엄성에 대한 존중의

기본적 의무를 구체화하는 방식이다.[30] 이와 비슷한 맥락에서 오마수나(O'mathúna) 역시 내재적 존엄성이 가지는 도덕적 책무를 강조한다. 존엄성이 내재적 맥락에서 인정될 때만이 '주어진' 삶에 대한 겸허함과 유한성에 대한 통찰이 나오고, 바로 이것이 타인의 존엄한 삶에 대한 관심과 도움으로 이어진다는 것이다. 그는 다음과 같이 말한다.

> 우리는 다른 사람이 존엄하지 않는 상황에서 빠져나와 좀더 존엄한 삶을 경험하도록 도울 책임이 우리에게 있음을 안다. 우리의 삶을 선물로 여기는 것은 여기서 도움이 된다. 선물로서의 삶은 그것을 잘 사용해야할 책임감을 가져다준다. 많은 것이 주어진 사람에게는, 많은 것이 기대된다. 그것을 잘 사용하는 것은 우리의 만족이나 기쁨 이상의 것을 위해 그것을 사용함을 의미한다. 이는 다른 사람의 선을 위해 그것을 사용하는 것을 포함한다.[31]

4. 트랜스휴머니즘과 존엄성

(1) 속성으로서의 존엄성과 인간 존엄성

트랜스휴머니즘의 맥락에서 존엄성 이해의 출발점은 인간 본성의 가변성에 따른 개선가능성이다. 트랜스휴머니즘은 "현재의 인간 본성이 응용과학과 기타 합리적 방법의 사용을 통해 개선될 수 있음"을 견지하면서 "개인들은 자기 자신의 신체를 원하는 대로 변경시킬 권리를 가지고 있다"는 전제 아래 인간향상기술을 광범위하게 활용할 것을 제안한다. 이러한 향상 기술의 적극적 활용을 주장하는 것의 이면에는 신생기술을 수단으로 인간의 생물학적 한계를 극복하여 인간 본성을 개선하고, 재형식화함으로써 결국 인간을 '보다 존엄하게' 만들 수 있다는 단호한 믿음이 전제되어 있다.[32] 따라서 존엄성은 트랜스휴머니즘을 옹호하는 데 매우 중요한 개념으로 부각된다. 특히 "존엄성이 기술적으로 향상될 수 있다"고 주장하는 보스트롬(N. Bostrom)은 존엄성 담론을 조직화하기 위해 다음과 같은 분류법을 제안한다.[33]

속성(Quality)으로서의 존엄성 일종의 탁월성. 가치 있고 고귀하고 명예로움. 사람들은 다양한 정도로 이러한 성질을 지닌다. 속성으로서의 존엄성의 형태는 사람이 아닌 존재(non-persons)에게도 부여될 수 있다. 속성으로서의 존엄성은 사람들 가운데서 계발될 수 있고, 촉진될 수 있고, 존경과 찬사를 받을 수 있고, 증진될 수 있는 덕목이거나 사상이다. 그렇다고 그것은 도덕적 덕목이나 일반적인 의미에서 탁월성과 동일시될 필요는 없다.

인간 존엄성 인간 존재의 완전한 도덕적 위상에 근거를 둔다. 적어도 모든 보통의 인간 존재가 동일한 수준의 인간 존엄성을 가진 것으로 간주된다. 엄밀하게 인간 존엄성을 구성하는 것이 무엇인가에 대해 약간의 불일치가 있으며, 이는 개인들이 인간 존엄성을 가진 것에 대한 불일치 안에 반영되어 있다.

그는 존엄성 개념을 가치 있고 존경할 만한 존재의 특성으로서의 '속성적 존엄성'과 도덕적 위상, 특히 인간 존중의 기초로서 양도할 수 없는 권리로서의 '인간 존엄성'으로 분류하고 있지만, 실제로 그가 인정하고 있는 존엄성은 전자, 즉 속성적 존엄성뿐이다.[34] 속성적 존엄성에 대한 보스트롬의 견해를 좀더 자세히 살펴보면 다음과 같다.

첫째는, 속성적 존엄성의 외연 확대다. 보스트롬에 따르면, "속성으로서의 존엄성은 정도를 허용하는 탁월성의 종류로서, 인간 영역(human realm)의 안과 밖 모두에 있는 존재들에 적용될 수 있다"고 본다.[35] 따라서 그가 말하는 존엄성이란 '정도'에 따라 소유하는 상대적 가치로서, 인간 존재뿐만 아니라 무생물에까지 확대될 수 있다. 보스트롬은 다음과 같이 말한다.

두 번째 의미의 존엄성(속성으로서의 존엄성)은 현재 인류가 폭넓게 다양한 정도로 소유한 그 무엇이다. 어떤 사람들은 다른 사람보다 훨씬 뛰어나다. 어떤 사람은 도덕적으로 존경받을 만하다. 또 다른 사람들은 비열하고 사악하다. 포스트휴먼 존재들이 두 번째 의미의 존엄성을 가질 수 없다고 가정하는 특별한 이유가 존재하지 않는다. 그들은 우리 가운데 어느 누구보다 더 높은 수준의 도덕적 탁월성과 기타 탁월성에 도달할 수 있다.[36]

예를 들어 인간-기계 장치(예를 들어, 바이오닉 수족, 칩, 생물학적 인간 신체에 주입된 다른 장치)나 무생물적 대상(inanimate objects)도 속성적 존엄성을 부여받을 수 있는 것이다.[37] 이러한 속성적 존엄싱의 외연 확대는 내재적 존엄성과의 연관관계 형성을 어렵게 하는 요인이다.

둘째, 속성적 존엄성의 우연적 지위와 잠재성에 의거한 자율성의 부각이다. 속성적 존엄성이 인간향상기술의 진전에 따라 좌우된다고 볼 때, 속성적 존엄성은 더 높아질 수도, 더 낮아질 수도 있다는 것이다. 다른 식으로 표현하자면 인간 능력의 향상은 인간을 존엄하게도 존엄하지 않게도 할 수 있다. 결국 긍정적 의미에서 속성적 존엄성의 '향상'은 자기 변형(self-transformation)에 대한 인간의 자율성, 자율적 선택이 반드시 전제되어야 한다. 이런 맥락에서 보스트롬은 인간의 권리와 자율적 선택을 매우 강조한다. 예를 들어 유행에 따르거나, 편견에 무의식적으로 순응하는 측면에서 이루어지는 자기 변형은 오히려 인간의 (속성으로서의) 존엄성을 감소시키거나 박탈할 수 있다는 것이다.

셋째, 속성적 존엄성과 인간 존엄성의 양립가능성이다. 트랜스휴머니즘은 인간 존엄성과 속성적 존엄성을 양립가능하고, 상보적인 것으로 간주한다. 보스트롬이 보기에, 인간 본성은 광의의 의미에서 동적이고, 부분적으로는 인간이 만들어나가는 것이고, 개선가능한 것이라면, 역사는 단적으로 인간의 능력과 삶의 확장과 향상의 역사라는 것이다.[38] 원시시대 수렵채집인의 눈에는 지금의 인간이 일종의 '포스트휴먼'으로 간주될 것이다. 그렇다고 해서 이러한 인간 능력의 비약적인 발전이 인간의 도덕적 위상을 무너뜨리고, 비인간화시켰다고 보기는 어렵다는 것이다. 마찬가지로 지금의 인간과 포스트휴먼 간의 차이를 이러한 능력 확장의 연속적 관점에서 보아야 한다는 것이다. 그가 말하는 양립가능성과 상보성은 결국 현행 인간과 포스트휴먼 간의 심각한 도덕적 차이를 두지 말자는 것으로 보아야 할 것이다. 이런 맥락에서 그는, "존엄성은 그 현대적 의미에서 현재 우리가 무엇이며 앞으로 우리가 무엇이 될 수 있는 잠재성을 가졌는지에 달려 있는 것이지, 우리의 계통이나 원인적 근원(causal origin)에서 성립하는 것이 아님"[39]을 주목하자고 제안한다.

(2) 트랜스휴머니즘의 존엄성 이해에 대한 비판

트랜스휴머니즘을 비판하는 쪽에서는 인간향상기술을 인간 존엄성에 대한 심각한 위협으로 간주한다. 그들은 인간향상기술이 우리의 인간됨이나 인간으로서의 존엄성을 침해할 수 있고, 결국 인간을 비인간화할 수 있다고 보기 때문이다.[40] 포스트휴먼을 향한 추구가 인간 존엄성을 훼손하는 것이 아니라 향상시키는 것인지, 나아가 향상된 포스트휴먼은 존엄성을 갖춘 존재로 간주해야 하는지 같은 질문을 던지기에 앞서 존엄성에 대한 명확한 구분과 이해가 선행되어야 함을 지적한 것은 바로 이러한 이유에서다. 이런 맥락에서 내재적 존엄성과 속성적 존엄성 간의 연관관계를 규명했던 앞선 논의는 명시적으로 속성적 존엄성의 존재만을 인정하는 트랜스휴머니즘을 비판적으로 볼 수 있는 단초를 제공한다. 과연 보스트롬의 주장대로 인간 손엄성(내재적 존엄성)과 포스트휴먼 존엄성(속성적 존엄성)이 양립가능한가? 다시 말해 호모 사피엔스 종에 속하는 사람들에게 내재적으로 존재하는 존엄성이 인간의 능력을 토대로 한 정도의 차이를 완벽하게 인정하는 속성적 존엄성과 어떻게 양립할 것이고, 서로 어떻게 보완할 것인가? 여기에 주목하여 트랜스휴머니즘의 존엄성 이해에는 어떤 문제가 있는지 살펴보자.

첫 번째 문제는, 존엄성 이해와 관련한 보스트롬의 모호한 전략이다. 그는 한편으로는 속성적 존엄성의 존재만을 인정하면서도, 다른 한편에서는 속성적 존엄성과 인간 존엄성이 양립가능하다고도 말한다. 앞에서 살펴보았듯이, 속성적 존엄성을 정립하는 의무는 내재적 존엄성에 대한 기본적 존중의 의무를 구체화하는 방식이다. 결국 누군가에게 속성적 존엄성을 부여하려면, 내재적 존엄성을 갖춘 인간 종의 일원으로 받아들여야 한다는 것이며, 내재적 의미의 존엄성의 우선성이 확보되지 않으면, 속성적 존엄성의 독립성은 보장되기 어렵다는 의미이기도 하다. 그러나 보스트롬은 속성적 존엄성의 외연확대라는 중요한 현안문제 앞에서 이 연관성을 무시하였다. 오마수나 역시 이 점을 매우 명시적으로 비판한다. 보스트롬은 "트랜스휴머니즘이야말로 사람들로 하여금 인간의 권리와 개인의 선택을 강하게 옹호하는 동시에 기술적 진보를 받아들일 수 있도록 해준다"[41]고 주장하는데, 인간의 권리와 개인의 선택, 즉 권리와 자율성의 근거는 휴머니즘에 기반한 내재적 존엄성이라는 것이다. 이렇게 본다면 그는 존엄성의 내재적 차원 역시 과감히 버리지 못하고 일정 정도 수용하고 있는 것으로 보인다. 결국 보스트롬은 인간의 자율성과 자유를 기반으로 자신의 논증을 전개하지만, 존엄성의 내재적 차원과 속성적 차원을 혼합함으로써 오히려 향상의 윤리를 옹호하는 논증에 심각한 상처를 입혔다는 것이다.[42]

두 번째 문제는, 포스트휴먼 존엄성과 내재적 존엄성 간의 양립이 불가능할 정도의 차이다. 인간향상기술의 맥락에서 존엄성 개념을 적용할 때 나타나는 어려움을 지적한 바 있는 조터랜드에 따르면, 양자의 양립은 불가능하다. 내재적 존엄성은 대체불가능성(irreplaceability)으로서의 고유성(uniqueness)에 기반하고, 속성적 존엄성은 동형성(uniformity)과 표준화(standardization)를 전제로 한다는 점에서 서로간에 양립할 수 없다는 것이다.[43] 그는 다음과 같이 말한다.

존엄성은 기능적 정의, 즉 응용과학 혹은 기술적 수단에 종속될 수 없다. 왜냐하면 기술이야말로 본성상 일치(conformity), (대량생산의 의미에서) 생산성(productivity)을 지향함으로써 고유성을 제거하고 일치를 촉진하기 때문이다. 존엄성은 필수적으로 존재론적이고 비기능적인 정의를 필요로 한다. 기술적 장치는 개인의 정체성이나 인간이 행위한다는 의미에서의 내러티브를 생산할 수 없다. 왜냐하면 정체성과 내러티브는 독특한 '나'를 필요로 하는 개념이기 때문이다. 따라서 대체될 수 있는 것은 그것의 값어치, 가치를 궁극적으로는 그것의 존엄성을 잃어버리게 되는 것이다.[44]

인간의 독특한 정체성이야말로 인간의 존엄성을 특징짓는다고 한다면, 인간 존엄성을 향상시키기 위해 기술을 사용하는 것은 대체가능성과 표준화가능성을 지향하기 때문에 대체불가능한 인간의 고유성, 즉 존엄성을 침해한다는 것이다. 이 같은 인간의 고유성과 존엄성 간의 연관관계는 롤스톤(H. Rolston)이 주목한 바 있다. 고유성은 존엄성 개념의 두 가지 특징, 즉 개인적 정체성(personal identity)과 개인적 내러티브(personal narrative)로부터 연원한다는 것이다. 그는 다음과 같이 말한다.

우리의 존엄성은 우리의 개인적 정체성으로 나타난다. 첫째로는 존엄성이 양도할 수 없는, 그리고 우리 모두에게 공통적인 정도의 기초적인 레벨로 나타나고, 나아가 존엄성이 성취될 수 있거나 상실될 수 있거나, 인정될 수 있거나 보류될 수 있을 정도의 발전된 레벨로 나타난다. 따라서 자신의 존엄성을 상실한 사람은 타고난 자격의 의미에서 존엄성이 없다고 취급될 수 있는 사람이 아니다. 한 개인의 존엄성은 개인의 사인이 첨부된 적절한 이름의 정체성과 함께 그의 생물학적으로, 사회적으로 조직된 정신신체상관적 자아 속에 존재하는 것이다.[45]

이러한 측면에서 보자면, 존엄성은 우리가 인간 존재에 부여하는 동일한 방식으로 사물에게(예를 들어, 바이오닉 팔과 같은 대상들) 부여될 수 있는 개념이 아니다. 이러한 개체화 때문에 각각의 인간 존재는 생물학적 세계 안에서 그의 존재론적 지위(위상)에 기인하는 존중을 받을 만한 가치가 있는 것이다. 게다가 동일한 개인은 그가 인정받을 수 있는 사회적으로 구성된 정체성을 가진다. 이러한 존엄성의 두 층위의 조화는 각각의 개인에게 고유성을 부여하는 것이다.

세 번째 문제는, 신생기술을 통해 월등한 도덕적 지위(moral status)를 지닐 수 있다는 트랜스휴머니즘의 희망은 과연 진정한 존엄성 가치의 실현으로 이어질 수 있는가 하는 점이다. 주지하다시피 트랜스휴머니즘의 도덕성 향상 프로젝트는 과학기술을 통한 인간 인격의 개선을 표방하지만, 그 핵심은 인간 감정의 전적인 통제다. 이렇게 본다면 도덕적 행위주체보다는 통제자의 가치가 반영될 소지가 높은 '도덕적으로 반응할 수 있는 능력'이 포스트휴먼의 월등한 도덕적 지위를 이루는 요소인 것이다. 주지하다시피 인간의 도덕성은 단순한 인간 행동의 조작이나 도덕적으로 반응할 수 있는 능력으로 환원될 수는 없다. 왜냐하면 도덕성이란 도덕적 행위주체로서의 인간이 자신의 결정을 주도하고, 행위에 대한 근거를 확보하는 일종의 '판단의 자원'이기 때문이다. 나아가 인간의 도덕적 지위의 출처는 존엄성의 내재적 맥락에서 확보되는 것이다.

5. 향상의 윤리와 존엄성

　지금까지 존엄성 개념의 구분을 통해서 트랜스휴머니즘의 향상의 윤리를 비판적으로 고찰해보았다. 일차적으로 존엄성 개념을 정교화하기 위해 우선 내재적 가치와 속성적 가치를 구분하고, 내재적 존엄성과 속성적 존엄성의 구별과 그 정의를 시도함으로써, 양자간의 유기적 연관관계를 찾아보았다. 나아가 트랜스휴머니즘이 상정하는 속성으로서의 존엄성, 이른바 포스트휴먼 존엄성의 특징을 살펴보고, 현재의 인간종뿐만 아니라 미래의 기술적으로 변형된 인간까지 포괄하는 '향상의 윤리'가 존엄성의 맥락에서 어떤 의미와 한계를 지니는지 면밀히 고찰해 보았다. 결론적으로 현재의 인간 종뿐만 아니라 미래의 기술적으로 변형된 인간까지 포괄하는 트랜스휴머니즘의 '향상의 윤리'에서 존엄성에 기초한 옹호 논증의 한계는 존엄성에 대한 단편적 이해에서 비롯된 것임을 지적하였다. 언어적이고, 논리적이고, 도덕적인 측면에서 내재적 존엄성이 가지는 우선성을 본 장에서 부각시킨 것은 이러한 이유 때문이다. 이런 맥락에서 내재적 존엄성에 대한 오마수나의 언급은 주목할 만하다.

　과학은 인간의 거대한 모험이다. 그것은 다른 인간의 행동처럼 개인의 자아, 경제적인 이익, 그리고 지배와 권력의 추구에 의해 영향을 받을 수 있다. 완전성의 추구는 의학이나 과학의 존엄한 목표가 아니다. 생명의 주어짐과 내재적 존엄성을 인정하는 것은 도덕적 용기의 상징이며, 완전성이나 힘에 대한 무모한 추구에 대항하는 중요한 균형점이다. 생명의 내재적 존엄성은 우리로 하여금 우리가 가진 것을 감사와 관용의 마음으로 수용하도록 도와주며, 존엄하지 않을 수 있는 상황을 헤쳐나갈 틀을 제공한다.[46]

또 하나 주목해야 할 것은 향상의 윤리와 관련한 논쟁에서 부각될 수밖에 없는 존엄성의 상호주관적, 공동체적 가치다. 예를 들어 '존엄성'이 '자율성'으로 환원되어서는 안 되는 이유에 대해 유럽공동체위원회의 '생명윤리와 생명에 관한 법률에서의 기본 윤리 원칙'(1999)은 다음과 같이 천명한 바 있다.

존엄성은 개인의 내재적 가치뿐만 아니라 다른 사람과의 만남 가운데서 모든 인간이 가지는 상호주관적 가치를 의미한다. 따라서 존엄성은 우주 안에서 인간 개체의 탁월한 위상을 표현한다. 즉 합리적 행동 아래서의 자율과 공정한 제도 속에서 타인과 함께, 타인을 위해 좋은 삶을 만들기 위한 노력을 갖춘 존재로서, 인간 존재의 존엄성을 존중하는 것은 공동의 삶에서의 불가침성에 대한 존중이다.[47]

이 같은 공동적 삶에서의 존엄성은 롤스톤(H. Rolston)도 강조했던 사회적으로 구성된 정체성 속에서 특징지어지는 존엄성과 같은 맥락으로 볼 수 있다.[48] 사실상 인간향상기술에 대해 가장 우려하는 대목은 향상을 추진하는 삶의 양식 안에 깃들어 있는 정복과 지배, 탐욕을 향한 과도한 욕망일 것이다. 일례로 도덕성 향상 프로젝트에 의해 도덕적으로 향상된 사람이 동형성과 표준화를 지향하는 '성형미인과 같은 위상을 갖게 될지도 모른다는 우려는 이런 맥락에서 이해될 수 있다. 포스트휴먼 존엄성이 '향상'을 넘어선 도덕적 비전을 제시하지 못한다면, 그것은 일종의 디스토피아적 트랜스휴머니즘일 것이다. 결국 향상과 존엄의 균형점이야말로 공동체와 인간적 삶의 가치의 반경 속에서 확보할 수 있음을 여실히 보여주는 것이다.

제2부

프로페셔널리즘과
아리스토텔레스 윤리학

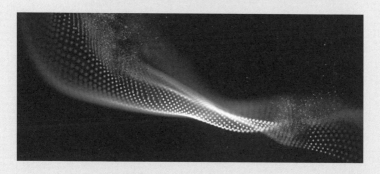

제2부는 프로페셔널리즘과 아리스토텔레스 윤리학을 다룬다. 전문직 지배의 시대에서 전문직 황혼기로 이행중인 전환기적 국면에서 프로페셔널리즘의 핵심요소를 도출하고, 이를 통해 통합적 관점에서의 전문직 윤리의 필요성과 우리 사회에 적실한 전문직 윤리의 가능성을 찾아본다. 또한 인테그러티 개념의 정교한 분석을 통해 교화된 전문직으로서 갖추어야 덕목으로서 도덕적 인테그러티가 지니는 의미와 중요성을 도출한다. 마지막으로 급변하는 고등교육 환경에서 바람직한 교육실천의 방향과 학술전문직이 갖추어야 할 교육윤리의 문제를 다루어보면서 학문공동체의 이상적 모습을 가늠해본다.

제4장

프로페셔널리즘과 교화된 전문직[1]

1. 전문직 황혼기와 통합적 관점에서의 전문직 윤리

전문직 윤리(Professional Ethics)가 수행자 중심의 '실천윤리'(practical Ethics)[2]로서 독립적이고 심화된 논의가 이루어져야 한다는 학문적 공감대가 형성되었지만, 이에 대한 학문적 논의는 사회적 적실성에 비해 여전히 활성화되지 못한 것이 현실이다. 여러 가지 이유가 있겠지만 대표적인 이유를 꼽자면 전문직 윤리의 유관 영역이 지나치게 포괄적이고 애매해서 통합적으로 다루기보다는 영역별로 세분화시켜 다루는 것이 훨씬 효용성이 있다는 주장일 것이다. 그러나 전문직 윤리의 이론적 통합(theoretical unity) 작업이 아무리 어렵고 비효율적이라고 하더라도, 통합적 관점에서 전문직 윤리의 가능성을 살피는 것은 여러 가지 측면에서 중요하다. 따라서 이 장의 목적은 전문직의 정체성, 이른바 프로페셔널리즘(전문직업주의, professionalism)을 심도 있게 규명함으로써 통합적 관점에서의 전문직 윤리의 중요성을 강조해 보는 것이다. 보다 구체적으로 밝히면 프로페셔널리즘에서 전문직 윤리로의 이행과정을 면밀하게 규명함으로써 우리 사회에 적실한 전문직 윤리의 가능성을 찾아볼 것이다.

우리 사회에서 전문직 윤리가 반드시 필요하다는 사회적 인식은 당사자인 전문직종사자는 물론이고 일반 공중에게까지도 매우 강력하게 형성되어 있는 것이 사실이다. 특히 최근 일련의 전문직 종사자의 도덕적 퇴락(moral degeneration) 현상은 일반인과는 비교할 수 없을 만큼의 사회적 영향력을 가졌다는 점에서 그 사회적 파장이 심각하다. 다니엘 벨(D. Bell)의 지적대로, 전문직에 대한 대중의 비판적 시선은 전문직과 일반 대중 간의 갈등상황을 심화시킴으로써, 전문직의 사회적 지위를 보장하는 프로페셔널리즘은 사회에서 더 많은 권리와 더 큰 참여를 주장하는 포퓰리즘과 충돌하는 상황에까지 이르고 있는 실정이다.[3] 전문직과 대중 간의 충돌을 탈산업사회의 갈등으로 규정하는 다니엘 벨의 논의는 다음과 같은 언급에 잘 나타나 있다.

정치적 요구와 사회적 권리가 증대되고 급속한 사회변동과 문화양식의 변화가 종래의 것들을 혼란스럽게 만들고 미래에 대한 지향이 전통적인 지침과 과거의 도덕을 부식시키기 때문에, 사람들 간의 게임으로서의 사회적 삶은 더욱 어려워진다. 정보가 중심적인 자원이 되고, 또 조직 내에서도 권력의 원천이 된다. 그리하여 전문직업주의 (professionalism)가 지위의 기준이 되나, 그것은 또한 사회에서 더 많은 권리와 더 큰 참여를 주장하는 포퓰리즘(populism)과 충돌한다. 공장에서의 자본가와 노동자 간의 투쟁이 산업사회의 표징이었다면, 조직 및 공동체에서의 전문가와 대중 간의 충돌은 탈산업사회의 갈등을 표상한다.[4]

더욱 심각한 것은 우리 사회가 전문직의 '황금기', 이른바 '전문직 지배의 시대'에서 전문직의 '황혼기'로 접어들고 있는 국면으로 전환하면서 이러한 퇴락 현상이 가중될 것이라는 점이다. 해당 전문직종사자 간의 피할 수 없는 생존경쟁이 격화되고 있는 현실에서, 다시 말해 전문직의 희소가치가 감소 추세에 있는 오늘의 상황에서 프로페셔널리즘과 전문직 윤리는 어떤 의미를 지니는가? 직업적 영향력과 경제적 보상이 전문직의 권력(professional power)을 구성하는 가장 큰 요소라고 할 때, 그 권력이 뚜렷하게 약화되고 있는 지금의 상황은 과연 통상적인 윤리(ordinary morality)를 넘어서는 수준 높은 전문직 윤리의 가능성을 확보할 수 있는가? 그렇다면 시장에서의 독점과 사회계층에서의 지위 독점이 무너지고 있는 현실에서 전문직종사자들에게 고전적 의미에서의 노블레스 오블리주(noblesse oblige)를 여전히 강제할 수 있는 것인가 아니면 최소한의 윤리(minimum morality)를 요구할 것인가? 이 장은 전문직 윤리를 통합적으로 다루면서 이러한 질문에 대한 답변의 실마리를 구명한다. 우선 전문직 윤리의 이행을 위한 중요한 출발점으로 프로페셔널리즘에 대한 직업사회학적 해명을 시도한다. 다음으로 윤리적 의사결정의 토대로서의 프로네시스 개념을 전문직의 실천에 적용해봄으로써 전문직과 지식의 상관관계 속에서 도출되는 전문직 윤리의 필요성을 재차 강조한다. 특히 전문직의 정체성을 유지하기 위해서는 단순한 테크니션이 아니라, 전문 지식과 기술의 도덕적 관리자로서의 역할이 중요함을 강조할 것이다. 이어서 전문직 윤리의 딜레마를 전문직의 윤리법규(code of Ethics)를 중심으로 규명함으로써 확장된 관점의 전문직 윤리가 필요함을 도출할 것이다.

2. 왜 프로페셔널리즘인가?

첨단 기술공학시대에서 전문직의 부각은 설명이 필요 없을 만큼 확실한 현상이다. 다니엘 벨(D. Bell)이 탈산업사회(Post-Industrial Society)의 특징으로 열거한 '전문기술직 계급의 부상'은 우리 사회에서도 너무나 익숙한 현상이 된 지 오래다. 탈산업사회가 전문기술과 고등교육에 기초한 능력주의(meritocracy) 사회에 다름 아니라면, 사회기능의 급속한 전문화(Professionalization)는 한국사회의 구조변동을 이끄는 동력으로 확실하게 자리매김해 온 것이다. 따라서 전문직 양성을 목표로 하는 제도적 기반으로서의 전문교육은 이러한 시대적 조류에 편승하여 그 열기를 더하고 있으며, 탈산업사회의 전략적 자원이라 할 수 있는 '인적 자본'의 효율적인 양성과 배분은 균형감각을 완전히 상실한 상태다.

(1) 프로페션과 '제3의 논리'로서의 프로페셔널리즘

그렇다면 전문직(Profession)이란 무엇인가? 물론 여기서 살펴보려고 하는 것은 전문직의 일상적 의미[5]는 아니다. 주지하다시피 전문직이라는 용어는 공개적 선언(public declaration)을 의미하는 라틴어 professio에서 비롯되었으며, 무엇보다 다양한 관점에 따라 정의되면서 개념적 혼란을 가중시켜 왔다. 대표적인 예를 들자면 "가치에 기반한 서비스 이념(a value-based service ideal)과 자기 고유 영역에 대한 추상적 지식을 소유한 개인들이 만든 배타적인 단체의 일원"[6] 혹은 "공통된 가치와 목적을 가진 직종으로 전문직에 속하지 않은 사람이나 조직으로부터 간섭이나 관리를 받지 않는 자치적(self-governing) 성격을 갖는 조직"[7]이 바로 그것이다. 또하나 주목할 부분은 '고전적 전문직'(classical profession) '유사전문직'(pseudoprofession) '하위전문직'(subprofession) 같은 용어에서 알 수 있듯이 전문직의 정의와 범위 자체가 모호하고 잠정적인 관계로 전문직을 일목요연하게 정의하는 것이 매우 어렵다는 점이다. 이 같은 혼란과 난점에도 불구하고 전문직의 특징을 대체적으로 종합해보자면 다음과 같다.

우선 전문직에 입문하기 위해서는 이론에 기반한 지식과 기술을 상당한 기간의 훈련을 통해 습득해야 하고, 정식의 교육기관에서의 공인된 학위를 필요로 한다. 둘째, 전문직 지식과 기술은 사회 복지에 핵심적으로 기여한다. 특히 복잡한 과학기술 기반 사회는 전문직 엘리트에 크게 의존한다. 셋째, 면허증에 기반한 전문적인 서비스를 제공하는 데 독점성을 가진다. 넷째 전문지식에 기반한 서비스를 통해 직무상의 자율성을 갖는다. 다섯째 주로 윤리법규 안에 구체화된 윤리적 규준(ethical standards)에 의해 규제된다.[8]

이 같은 전문직에 대한 정의에서 특징적인 점은 노동, 직업, 사회변동의 관점에 비해 전문직에게 요구되는 규범적 측면이 다소 소극적으로 설정되고 있다는 점이다. 전문직의 자격요건을 갖추기 위한 힘든 과정이 일종의 보상 차원에서 전문직의 사회적 위상과 직결된다는 점을 감안하더라도, 전문직의 규범적 차원은 전문직의 '특수한' 역할의 측면에서 매우 중요하게 다루어져야 한다. 여기서 규범적 차원은 개인의 의무와 규범 준수 차원을 넘어서서 사회적 공공선을 위한 광범위한 책임까지 포함한다. 물론 전문직의 사회적 책임(social responsibility)에 대한 강조는 일차적으로 일반인들보다 특별하게 선하고 자비롭다는 의미에서가 아니라 전문직의 실무 자체가 개인의 이익에 우선하는 공공의 서비스 성격, 이른바 사회 복지에 핵심적으로 기여하기 때문이다. 따라서 전문직은 기술적 권위에 버금가는 도덕적 권위를 암묵적으로 요구받게 되는 것이다. 전문직에 대한 규범적 이해를 프라이드슨(E. Freidson)의 프로페셔널리즘 논의를 통해 더욱 심화시켜 보자.

그는 프로페셔널리즘을 "직업의 구성원 스스로가 노동을 통제하는 제도적 환성"[9]으로 규정한다. 소비자가 노동을 통제하는 환경으로서의 시장(market), 경영자가 노동을 통제하는 환경으로서의 관료제(bureaucracy)와 함께 그가 제3의 논리로서 꼽는 것이 바로 프로페셔널리즘이다. 프로페셔널리즘의 존재는 "어떤 조직화된 직업이 일련의 규정된 임무를 수행하는 자격, 타인의 업무수행 금지, 수행평가를 위한 기준의 통제를 결정하는 권력을 획득할 수 있는가"[10]의 여부에 있다. 따라서 '독립'과 '자율성'이야말로 전문직의 정체성을 규정짓는 핵심요소라 할 수 있다. 물론 어떤 외적 요인과는 무관하게 직업에 대한 완벽한 자기 통제의 모델을 상정하는 것은 현실에서는 실현불가능한 완전한 이념형(ideal type)에 불과할 것이다. 프라이드슨 역시 이 점을 인정한다. 프로페셔널리즘은 경영자주의(managerialism)를 뜻하는 합리적–법적 관료제에 대한 막스 베버의 모델, 그리고 소비자주의(consumerism)를 뜻하는 애덤 스미스의 자유시장 모델과는 전혀 다르게 현실에서 완벽하게 실현불가능한 요소를 분명히 포함한다는 것이다.

하지만 프라이드슨이 프로페셔널리즘을 제3의 '통제' 양식으로 중요하게 내세우고 있는 이유는 분명하다. 전문직 노동의 규격화와 개인의 이익에 대한 전문직의 지나친 집착의 주된 요인이 경영자주의와 소비자주의에서 찾을 수 있다고 한다면, 전문직의 손상된 가치를 복원하기 위해서라도 프로페셔널리즘이 반드시 필요하다는 것이다.[11] 실제로 전문직은 자신의 정체성을 스스로 무너뜨리면서 점점 공중의 신뢰를 얻지 못하고 자본과 국가에 종속되고 있는 실정이다. '독점'(monopoly), '사회적 폐쇄'(social closure), '자격증주의'(credentialism), '엘리트주의'(elitism) 같은 용어는 전문직에 대한 신랄한 비판을 대표하는 용어이기도 하다. 전문직 노동의 본질은 '신뢰'에 근거해야 하고, 무엇보다 자신들의 이익보다는 공중의 이익을 우선적으로 고려하는 이타주의(altruism)가 전문직에게서 강조되는 것은 이 때문이다. 프라이드슨 역시 전문직 실천의 윤리적 반경은 개인의 차원을 넘어서 프로페셔널리즘의 논리를 가능케 하는 제도에까지 영향을 미쳐야 한다고 본다. 이른바 공공선에 대한 강조다. 그는 이렇게 말한다.

프로페셔널리즘의 이데올로기는 무엇보다도 훈육된 지식과 숙련을 공공선(the public good)을 위해 행사할 것을 강조한다. 개인별로 훈육은 그러한 선의 여러 측면에 관련한다. 어떤 경우에는 개별 환자들, 혹은 고객들에 대한 즉각적 선(the immediate good), 그리고 회사와 집단, 기타의 경우에는 일반선(the general good)에 관련한다. 그러나 그런 서비스는 항상 더욱더 큰 공공선에, 때로는 미래에 기대되는 것에 맞추어 판단과 균형을 갖추어야 한다. 전문직종사자와 해당 협회는 더 큰 선의 관점에서 그들이 실행하는 것을 평가할 의무가 있다. 이러한 의무 때문에 그들은 면허를 받아 국가, 자본, 회사, 고객 혹은 일반 공중에

게도 피동적 봉사자 이상이 되는 것이다.[12]

프로페셔널리즘은 전문직 자체에 뿌리를 둔 자율성과 독립성을 중심으로 하는 일련의 가치라고 할 수 있다. 물론 이러한 가치들은 프라이드슨에 따르면, '사회적 수탁(social trustee) 프로페셔널리즘,' '시민적 프로페셔널리즘'이며, 공익, 공공선 혹은 대중에게 봉사한다는 개념에까지 확장 가능하다.[13] 전문직의 권위와 사회적 위상이야말로 경제적 자기이익과 결별할 때에만 비로소 확보될 수 있다고 한다면,[14] 전문직의 독점적 지위와 자율성은 해당 전문직의 이익의 극대화를 위해 사용되는 것이 아니라 엄격한 자기규제(self-regulation)와 공공선을 위한 노력 가운데서 확보되어야 할 것이다.

(2) 손상된 프로페셔널리즘과 규범의 필요성

프로페셔널리즘에서 공공성을 강조하는 이상적 접근과는 다른 차원, 즉 현실적 차원에서도 전문직의 규범적 필요성이 도출될 수 있다. 이른바 '손상된 프로페셔널리즘'의 징후 가운데서 최소한의 윤리적 행동반경을 설정하는 것이 반드시 필요하다는 입장이다. 최근의 전문직을 둘러싼 환경의 급격한 변화는 프로페셔널리즘의 가치를 무력화할 만큼 심각하다는 점에서 이러한 규범적 차원은 더욱 강조될 전망이다. 특별히 의료 전문직에서 두드러지는 현상은 다음의 두 가지다.

우선 기술발전에 따른 전문화(specializaition)가 빠르게 확산되면서 전문직 실천에 큰 변화를 가져왔는데, 대표적인 것이 전문직의 직무상에 나타난 자율성의 손상이다. 의학이 전적으로 기술에 의존하게 되면서 의사-환자 관계가 급속하게 변화하게 되었다는 닐 포스트먼(N. Postman)의 논의는 상당히 흥미롭다. 그는 구텐베르크의 인쇄술이 서구문화에 끼친 영향과 비교될 만큼 청진기가 의료 환경에 큰 변화를 가져왔다고 주장하는 라이저(S. J. Reiser)의 다음과 같은 언급에 주목한다.

청진기는 객관적인 의사들의 탄생을 가져왔다. 그들은 환자들의 경험과 느낌으로부터 벗어나 더 독립적인 위치를 갖게 됨으로써, 환자와의 관계에서는 멀어지는 반면 그의 몸으로부터 들려오는 소리와는 더 밀접한 관계를 맺게 된 것이다. 이제 의사는 청진기를 통해, 환자의 동기나 신념에 의해 방해받지 않은 채 혼자서 환자의 몸으로부터 들려오는 소리만으로 진단을 내릴 수 있게 되었다. 즉 그 소리가 병의 진행과정을 있는 그대로 드러내는 객관적인 표시라고 믿게 되었던 것이다.[15]

라이저의 주장을 한마디로 요약하면, 환자와 의사 사이에 '기술적 도구'가 개입됨으로써 의사가 환자에게 질문을 하고, 그들의 진술을 존중하며, 외적 증상을 면밀히 관찰하는 등의 전통적 의술이 점점 무의미해져간다는 것이다. 따라서 의학은 '환자'를 다루는 것이 아니라 '질병'을 다루는 것이고, 환자가 제공하는 정보는 기계

(예를 들어, 청진기)로부터 유래한 정보보다 덜 중요하며, 의사의 판단이나 통찰력, 그리고 경험으로부터 얻은 정보는 기계를 통해 얻은 계산결과보다 가치 있는 것이 아니라는 인식이 팽배하게 되었다. 청진기가 의사-환자 관계를 이 징도로 변화시켰다면, 첨단 기술의 경연장이 되고 있는 현대 의료에서 그 변화의 양상을 예측해 보는 것은 그리 어렵지 않을 것이다.

이러한 점에 주목하면서, 포스트먼은 의사-환자의 관계변화를 3단계로 정리한다. 첫 번째는 환자의 진술과 의사의 질문 그리고 관찰에 기초한 환자와의 직접적 커뮤니케이션 단계다. 두 번째는 기술의 사용을 포함하면서 면밀히 선택된 물리적 조사를 통해 환자의 신체와 직접적으로 커뮤니케이션 하는 단계다. 마지막 세 번째는 기술적 도구를 통해 환자의 경험 및 신체와 간접적으로 커뮤니케이션 하는 단계다. 여기서 전문가의 출현은 주목할 만하다. 병리학자들이나 방사선학자들처럼 기술적 정보의 의미를 해석하기는 하지만, 환자와는 아무런 관계가 없고 오직 신체조직 및 사진에 대해서만 관심을 보이는 사람들을 가리킨다. 종합해보면 기술의존적 치료행위가 전문직으로서의 의사가 가져야 하는 업무장악력과 통찰력을 잃게 하는 경향이 농후하다는 것이다.[16] 특히 의료 영역에서 기술에 대한 의존이 확대되면서 환자의 구술이나 병력에 기초하는 '개인기록 의학'(biographical medicine)에서 검사, 진단, 치료과정에서 기술을 사용하는 기술의학(techno-medicine)으로 빠르게 전환되고 있는 실정이다.[17] 이는 의사 개인의 판단, 통찰력보다

기계를 통해 얻은 결과치, 정보가 더 가치 있다는 믿음을 광범위하게 확산시킴으로써 전문직의 핵심적 가치인 자율성, 즉 직무상의 통제권을 무너뜨리고 있다. 이러한 맥락에서 "기술을 사용하는 자의 자발성(Spontaneität)은 사실상 그 기술에 의해서 점점 제거되고 있다. 그는 기술의 규칙성에 스스로를 내맡김으로써 자신의 '자유'를 포기한다. 사용자는 기술이 얼마나 올바로 기능하는지에 의존한다"[18]는 가다머(H.-G. Gadamer)의 언급은 기술의존적 치료행위가 프로페셔널리즘을 무력화시킬 수 있음을 잘 보여주고 있다. 즉 이론적 지식과 실천적 적용 사이의 이음새 역할을 하는 실천적 판단력의 역할이 퇴색하면서, 그 역할을 기술적 정보가 차지하고 있는 것이다.[19] 그의 언급을 하나 더 살펴보자.

우리가 살고 있는 과학의 시대에서는 새롭게 생각해 보아야 할 의사라는 직업의 기술적 측면이 있다. 무엇보다 의사의 도움이 필요한 환자들은 현대의학의 놀라운 기술적 수단에 현혹되어 그런 측면에만 주목하고 의사의 과학적 능력에 대해서만 놀라워한다. 환자 자신의 욕구 때문에 현대의학의 기술적 측면만을 우월하게 생각하는 경향이 강화되고, 그런 지식을 적용하는 일이 사실은 매우 책임이 무거운 폭넓은 인간적, 사회적 차원의 작업이라는 것을 생각지 못한다.[20]

이는 과학기술의 기계적 적용을 넘어서는 의학적 실천의 영역에서 과연 의사의 본분이 무엇인지를 성찰하게 만드는 중요한 대목이라 할 수 있다.

두 번째는 전문직의 자율성이 심각하게 훼손될 여지가 있는 이른바 전문직의 피고용인화이다. 기업의료, 의료−산업복합체 등의 출현은 전문지의 탈전문주의화(deprofessionalism)[21]를 가속화시키는 주요 원인이 되고 있다. 무엇보다도 이윤창출을 주요 목표로 하는 의료기업에서 의사가 임상적 자율성과 전문적 통제력을 상실할 수밖에 없다는 것은 자명한 귀결이다. 일례로 경제적 이익 추구가 제1의 목적으로 설정된 상황에서 과잉진료, 불필요한 검사, 고가치료 등은 만연할 수밖에 없으며, 결국 의료의 공적 책무를 소홀히 한 의사는 전문직으로서의 권위를 잃어버리는 동시에 손상된 프로페셔널리즘의 전형을 노출할 수밖에 없는 것이다. 여기서 간과해서는 안 될 점은 경제적 이익을 확대하려는 이러한 근시안적 집착이 자칫 전문직의 황혼기를 앞당기는 가장 큰 변수가 될 수도 있다는 것이다. 따라서 프로페셔널리즘의 정신의 부재와 윤리의식의 결여는 더 이상 간과할 수 없는 사안이다. 이러한 맥락에서 프라이드슨은 전문직의 책임을 강조하는 프로페셔널리즘을 재차 강조한다.

전문직에게 가장 큰 위험이 될 수 있는 것은, 학문의 발전을 위한 의제를 스스로 정하고 또 학문의 사용에 대해 책임을 지는 자유이다. 따라서 미래의 프로페셔널리즘에 가장 중요한 문제는 경제적이거나 구조적인 것이 아니라 문화적이고 이데올로기적인 것이다. 역시 가장 중요한 문제는 프로페셔널리즘의 정신이다.[22]

3. 프로페셔널리즘에서 전문직 윤리로의 이행

(1) 전문직과 지식

앞 절에서 전문직의 도덕성을 확보하는 기제가 바로 프로페셔널리즘이라는 점을 살펴보았다. 이와 같이 전문직 윤리를 프로페셔널리즘과의 연관성에 도출하려는 이유는 자명하다. 노동을 통제하고 조직화하는 요소가 전문직 스스로에게 있다는 것은 전문직 지식과 기술(이른바 지적 기술)과 판단이 윤리적 반경에서 이루어져야 함을 강조하기 위함이다.[23] 따라서 프로페셔널리즘을 유지하기 위해서는 단순히 지식적, 기술적 전문가(테크니션)가 아니라 전문 지식과 기술의 도덕적 관리자로서의 역할이 중요할 것이다. 전문직 윤리에 대한 고찰에서 지식과 판단력 문제가 가장 첨예한 분석의 대상이 되는 것은 이 때문이다.

전문직에게서 가장 주목해야 하는 것은 특정의 지식영역의 존재에 있다. 전문직 지식(professional knoledge)은 우선 이 지식을 소유할 때만이 전문직에 들어갈 수 있는 필요조건으로서의 이론적, 추상적 지식과 전문직 실천의 기초를 제공해주는 지식으로 구성되어 있다. 프로페셔널리즘의 핵심적 자질로서 거론될 수 있는 지식은 바로 후자의 영역이다. 이 영역은 전문직에 입문하기 위한 교육과정에서 배우는 이론적 지식이나 텍스트로 명문화, 체계화된 지식 이외에 전문직 실무에서 발휘되어야만 하는 일종의 경험적 지식을 가리킨다.[24] 따라서 이 같은 지식 유형은 특정한 '숙련'(skill)과의 밀접한 연관관계에서 확보될 수 있으며, 상당한 정도의 경험과 숙고된 판단이 필요하다고 볼 수 있다. 폴라니(M. Polanyi)의 표현에 따른다면 이러한 숙련은 과학적 지식의 '암묵적'(tactic) 차원에서 확보되는 것으로서, 형식적 특성을 갖지 않고 분절화되지 않으며 체계적으로 표현되지 않는다. 폴라니의 '암묵적 지식'(tacit knowledge)은 증명의 대상으로 판단되지 않아 언어화되지 않은 비분절적 지식을 말한다.[25] 그는 이 같은 숙련이 과학적 지식과 발견의 중요한 요소이고, 이를테면 교실이 아니라 실험실에서 연구하는 동안 배우는 것이라고 보았다. 전문직에게 요구되는 지식 역시 이러한 숙련을 필요로 하는 것이라고 볼 수 있다. 왜냐하면 전문직의 실천이라 함은 그 실천과 결부된 이론적이고 체계적인 지식을 넘어서는 실제로 그것을 실현하고 성취하는 능력에 가깝기 때문이다. 따라서 이러한 지식의 소유 여부는 전문직의 실천을 가늠하는 중요한 요건으로 작용하는 셈이다.

(2) 윤리적 의사결정의 토대로서의 프로네시스

전문직의 특성 가운데서 부각되는 지식과 숙련의 문제는 가다머 (H.-G. Gadamer)의 해석학적 논의 속에서 좀더 심화시켜 볼 수 있다. 우선 의사라는 직업이 가지는 '실천적' 측면에 주목해보자. 가다머는 실천(praxis)에 대한 아리스토텔레스의 고전적 개념정의에 주목한다. 즉 실천은 이론과의 대립구도에서 형성된 것이 아니라, 제작(Herstellen)의 기술정신(Kunstgeist)과의 대립에서 나왔고, 이를 통해 제작능력을 관장하는 지식으로서의 테크네와 실천을 주도하는 지식으로서의 프로네시스의 구별을 완성시켰다는 것이다.[26] 의술(medizinische Kunst)이라는 단어가 단순한 제작능력으로서의 테크네(기술지, techne)와는 구분되는 지점이 바로 여기다. 의사의 지식은 숙련된 기술공의 지식과는 다르다. 따라서 의술을 펼치는 의사는 의학적 지식을 기계적으로 적용하는 테크니션이 아니다. 가다머는 다음과 같이 말한다.

의술로서의 정신의학은 언제나 '실천'과 관련이 있으면서 과학 주변에 놓여 있었다. 하지만 실천은 과학 지식의 적용만을 의미하지 않는다. 오히려 실천 영역에 속하는 것들이 연구에 다시 영향을 주고, 연구 결과는 다시 실천을 근거로 증명되고 확증되어야 한다. 그렇기 때문에 의사들이 건강을 회복시키려는 의도 아래 과학지식과 발견물들을 단순히 '적용'하고자 하는 과학자, 연구자, 기술자들과 자신들의 직업이 같지 않다고 보는 데는 깊은 뜻이 있는 것이다. 의사가 하는 일들 중 어떤 것은 기술에 속하는 것인데, 이것은 이론적 가르침만으로는 전달할 수 없는 것이다. '의술'(medizinische Kunst)이란 말이 나온 것은 바로 이런 점 때문이다. 실천이란 단순한 지식의 적용 이상의 것을 뜻한다. 의사의 업이라는 것은 의학적 직업의 전체 삶의 영역을 일컫는 것이지, 전체 직업 체계 속에서 어떤 특정 직업 영역을 일컫는 것은 아니다.[27]

이런 의미에서 본다면 환자는 의사에게 의학적 지식을 적용할 수 있는 하나의 사례로서 다루어져서는 안 된다. 의사의 일상적인 진단 행위가 기계적 적용 행위에 지나지 않는다면, 의사는 단순한 테크니션에 머물 것이기 때문이다. 이런 측면에서 의술은 독특한 '적용'(Anwendung)의 문제에 마주치게 된다. 의학적 실천의 영역에서 마주치게 되는 적용의 문제영역은 바로 판단력과 밀접하게 관련되어 있다. 즉 이론적 지식과 실천적 적용 사이에 기계적 측면이 강화될수록 자율적 판단력은 제한받을 수밖에 없다. 오늘날의 의사들에게 기계적으로 습득해서 적용하는 기술지(테크네)가 아니라 끊임없는 자기화와 해석의 과정을 거치는 판단형식, 즉 합리적 숙고와 도덕적 상상력(moral imagination)이 중요한 것은 이 때문이다. 판단력은 '해석학적 경험(hermeneutische Erfahrung)의 본질'로서 '지혜로운 사람'(phronimos)이 가지고 있는 특성이다.[28] 이러한 유형의 사람은 지식의 완결성을 지향하지 않고, 새로운 경험에 대한 '개방성'을 지향한다. 이런 의미에서 프로네시스(Phronesis)라는 단어는 우리에게 많은 점을 시사해준다. 보통 '실천적 지혜'라고 불리는 프로네시스는 확정적, 고정적 답이 주어질 수 없는 다양한 상황에서 최선의 판단을 내리기 위한 노력 가운데 등장하는 개념으로, "삶 전체의 관점에서 최선과 관계함으로써 선한 삶을 촉진하고 인간 존재에게 좋고 나쁜 것이 무엇인지 살필 수 있는 능력"[29]이다. 따라서 프로네시스는 인간의 지속적인 숙고의 과정이 필요하기 때문에 "단순히 적합한 수단선택의 능력이 아니라, 행위자 스스로가 도덕적 존재로서 정립되는 도덕적 품성상태(sittliche Hexis)"[30]라고 말할 수 있다. 결국 프로네시스는 단순한 학습을 통해 습득가능한 기술지의 차원을 넘어서는 "삶의 전 영역에서 마주치는 여러 가능성 가운데 선택하고 결정하는 능력"[31]인 것이다.

18세기 이후로 '실천이성'이라는 말은 고대 그리스인들이 실천(praktike)과 프로네시스(phronesis)라는 말로 의미하던 것을 표현하기 위해 사용한다. 그런데 그 단어들은 진단, 치료, 대화, 그리고 환자의 참여 등 모든 것이 잘 맞아떨어지는 특정 상황에 대한 적절한 인식을 의미한다. 여기에서 의사와 환자 사이에서 발생하는 것은 일종의 세심함 같은 것이다. 다시 말해 특별한 상황에 놓인 한 개인의 요구를 민감하게 알아차릴 수 있는 능력과 적절한 방식으로 그 요구에 응할 수 있는 능력이다.[32]

의학적 실천의 맥락에서 프로네시스를 구체화시킨 가다머의 언급은 '응답으로서의 책임'(responsibility)과 실천적 숙고를 통한 판단력의 중요성을 다시금 환기시키고 있다. 이런 측면에서 전문직으로서의 의사는 단순한 과학기술적인 지식을 적용하는 기술지(테크네)가 아니라 다양한 삶의 상황에서 현명하게 대처할 수 있는 판단력을 필수적 덕목으로 갖추어야 한다. 예를 들어 도덕원칙은 구체적인 상황에 대한 상세한 가이드라인을 제공하지 못한다. 원칙은 규칙과 판단을 통해 구체화된다고 할 때, 개별적 판단(particular judgement)은 원칙, 규칙에 대한 기계적인 적용, 고수가 아니라 도덕적 분별력, 이른바 프로네시스를 필요로 할 것이다. 이와 같이 프로네시스만이 가지는 독특한 적용의 계기는 전문직 실천에서 마주지는 신박한 의사결정 상황에서 중요한 의미를 가져다 줄 수 있다.[33] 첨단 기술공학사회에서 기술에 대한 의존도가 심화될수록 전문직 실천에서의 실천적 지혜와 교화된 전문직(educated profession)의 필요성은 더욱 대두될 것이기 때문이다. 전문직으로서의 의사가 기술자가 아닌 지혜로운 자의 모습을 갖추어야 한다는 것, 이른바 '교화된 전문직'의 중요성은 한 의학자의 다음과 같은 언급에서 매우 절실하게 다가온다.

> 교육의 보편화와 전문화에 따라 이제 의사는 그 사회가 가지고 있는 수많은 전문지식인 중 하나에 불과하다. 사실, 이제 의사들은 그들이 가진 '기술'에 의하여 인정받는 존재일 뿐, 그들이 가지고 있는 '사고능력과 지식'에 의하여 인정받는 존재가 되지 못하였다. 그에 따라 의사는 일종의 '전문기사'로서의 사회적 위상을 가지게 되어, 한 사회가 거시적으로 그 자원을 합리적으로 분배하고 작동하도록 하는 결정과정에서 의사들은 점차 배제되는 현상을 보게 되었다. 이것은 보건과 의료의 전문가인 의사와 그들의 도움을 받아야 하는 사회 모두에게 큰 비극이 되고 있음을 우리는 지금 체험하고 있다. 그런 의미에서 정보화 사회 속의 의사들이 갖추어야 하는 인문사회적 능력 함양은 단순한 교양 함양을 넘어선 생존 전략과 연결되어 있음을 알아야 할 것이다.[34]

4. 전문직 윤리의 딜레마: 윤리법규의 중요성과 한계

전문직 윤리의 강점은 일종의 '예방윤리'(preventive Ehics)에서 찾을 수 있을 것이다. 법적 제재가 주로 전문직종사자의 해악 행위가 일어난 다음에 취해지는 단계라면, 윤리적 실천은 이러한 행위들이 발생하기 전에 방지하는 것이기 때문이다. 따라서 법적 강제 대신 윤리적 규범으로 대체하려는 노력은 전문직의 실천에 있어서 일종의 선순환을 의도한다는 의미에서 긍정적이다. 즉 전문직종사자의 실천이 법적 차원이 아닌 윤리적 차원에서 이루어질 경우, 그 실천의 정당성은 훨씬 더 값지기 때문이다. 그러나 우리 사회에서 '전문직 윤리'가 강조되는 맥락은 예방윤리의 장점을 담아낼 수 있는 일종의 선순환을 기대하기가 매우 요원해 보인다.

우리 사회의 전문직 윤리는 일차적으로 전문직의 실천에서 발생하는 해악들과 뿌리 깊은 관행에 대한 비판에서 비롯되었다는 점에서 한계를 지닌다. 뚜렷한 한계라 함은 전문직 윤리가 프로페셔널리즘에 기반한 정교한 학문적 작업에서 유래하는 것이 아니라 전문직 실천에서 발생하는 해악과 관행들에 대한 임시방편적 대처에서 비롯되었기 때문이다. 주지하다시피 부정적 사례를 통해 전문직 윤리에 도달하는 접근법은 전문직 실천에서 악행금지라는 소극적 접근에 초점이 맞추어진 이상 전문직 윤리의 적극적 이상을 구현하기는 매우 어려울 것이다. 아이락시넨(Airaksinen)도 적절히 지적하듯이, 프로페셔널리즘의 격을 무너뜨리는 부정적 사례에 대해 어떤 전문직종사자도 자신의 소관사항처럼 적극적인 개선의 자세를 취하지 않는다는 것에 문제가 있는 것이다.[35]

전문직을 둘러싼 환경의 급속한 변화 가운데서 주목할 부분은 많은 전문직협회가 윤리 헌장, 강령, 규정 등의 내부 규범체계를 마련하거나 개정하고 있다는 점이다. 도덕적 틀거리(moral framework)에 기초한 철저한 규범 확립과 준수 전통이 부실한 우리 사회에서 자신들만의 고유한 '윤리법규'(codes of Ethics)를 만들어 낸 것은 매우 바람직한 방식이라 할 수 있다. 특히 전문직 윤리가 '통상적인 도덕성'(ordinary morality), '평범한 도덕적 고려'(normal moral considerations)를 통해서는 해결하기가 어려운 '역할 한정적 도덕'(role-specific morality)의 필요성에서 도출된다고 한다면, 윤리법규의 구체화는 전문직 윤리에서 상당한 효과를 가질 것은 분명해 보인다. 결국 전문직 실천(professional practices)을 전문직의 강령화된 가치와 의무를 구체화한 표현으로 간주한다는 것은 전문직 윤리를 윤리법규를 중심으로 이해하는 것이다. 윤리법규는 특정한 전문직의 표시(a mark of profession)라고 할 수 있다. 즉 윤리법규는 고객 혹은 소비자에게 자신들의 업무(business)가 성실성과 공정성 같은 가장 기본적인 덕목에 기반하여 수행되고 있다는 일종의 '보증'(warranty)으로 사용되는 것이며, 따라서 윤리법규는 전문직 단체의 로열티와 공유된 가치를 대외적으로 공포하는 중요한 매체라고 할 수 있다. 많은 전문직 단체들이 자신들의 공식적인 윤리법규를 대외적으로 공표하는 것도 이러한 중요한 목적을 구현하기 위해서일 것이다.[36] 윤리법규는 프리처드(J. Pritchard)에 따르면, "전문직 그룹의 성원들이 그 그룹의 일원으로 남기 위해 따르는 의도적 혹은 행동의 요구조건의 묶음들"이다.[37] 윤리법규는 그것이 명문화된 형식을 갖추건, 명문화되지 않은 비공식적 형태를 갖추건 간에 전문직 실천에서 일종의 '규율적 기능'(disciplinary function)을 담당함으로써, 그룹 일원의 기초적이고 공유된 도덕성(shared morality)을 이끌어낼 수 있다는 장점을 갖는다.

그러나 전문직 윤리를 이와 같은 윤리법규로 이해하는 데는 나름의 한계가 뒤따른다고 할 수 있다. 예를 들어 윤리법규가 전문직 실천이 도덕적으로 수행되고 있다는 인상을 주기 위한 일종의 대외적 마케팅 수단이나 자체 규범을 가지고 있다고 공표함으로써 법적 구속을 피하기 위한 일종의 도피처 역할을 할 수 있는 경우가 대표적이다. 즉 윤리법규가 해당 전문직의 도덕적 숙고과정의 결과물이 아닌 전문직의 이기주의를 대변하는 산물일 경우 전문직의 부정적 관행을 위한 창구역할을 할 수 있다는 우려가 나오는 것도 이 때문이다.

이와 다른 차원에서 전문직 윤리를 전문직이 지켜야 할 직업규준(professional standards)의 준수라는 관점에서 보았을 때 나타나는 한계는 연구윤리에 대한 스테넥(N. H. Steneck)의 논의를 통해 분명하게 살펴볼 수 있다. 우선 스테넥은 연구가 전문직의 활동이고 연구를 수행한다는 것이 특별히 훈련받은 개인들에 의해 수행된다고 봄으로써 연구자를 전문직종사자로 전제한다.[38] 그는 연구윤리 영역에서 강조되는 '책임 있는 연구수행'(RCR, responsible conduct of research)을 두 가지 영역으로, 즉 연구윤리(RE, Research Ethics)와 연구 '인테그러티'(RI, Research Integrity)[39]로 구분짓는데, 전자는 도덕원칙들의 관점으로부터 조망되는 연구태도로 연구자들이 무엇을 해야 하는지에 대한 질문을 제기할 때 필요하며, 후자는 전문직의 규준의 관점에서 조망되는 연구태도로 연구자들의 행위를 이끄는 일종의 가이드라인 역할을 한다고 주장한다.[40] 그러나 스테넥도 인정하듯이, 전문직의 직업 규준이 책임 있는 행위를 평가하기 위한 전부이자 궁극적인 것은 아니다.[41] 즉 연구 인테그러티가 전문직으로서 연구자가 지켜야 할 직업규준의 준수 여부 차원에서 논의될 경우 도덕적 한계를 드러낼 수밖에 없는지 우리는 여러 사례를 통해 목격하고 있다. 특히 주목할 부분은 연구윤리 영역에서 일종의 사각지대를 형성하는 것이 연구부정행위(RM, Research Misconduct)가 아니라 개인의 책임소홀과 사회적 관행이 중첩된 일종의 광범위한 '부적절한 연구관행'(QRP, Questionable Research Practice)이라는 점이다. 그만큼 인테그러티가 한 개인의 규범 준수와 책임의 반경 안에서 규정되었을 때 그 한계가 크다는 것을 의미한다. 이런 측면에서 '책임' 개념의 이해는 책임의 소재가 전문직 개인인 아닌 공동체, 사회제도에까지 확대된다. 특히 전문직의 뿌리깊은 관행을 제거할 수 있는 공동체의 역할은 더욱 강조되어야 할 것이다. 이른바 '공유 책임'(shared responsibility)에 대한 강조는 전문직 윤리의 개인적, 소극적 차원을 넘어서는 최소한의 장치라고 할 수 있다.

매킨타이어(A. MacIntyre)는 "현대의 사회적 실천과 이론은 아리스토텔레스보다는 칸트를 따르는 경향이 강하다"[42]고 언급한 바 있다. 이 언급은 전문직 윤리에도 해당된다. 고도로 전문화된 현대 사회가 일종의 파편화된 행동양식을 산출했다면, 엄격하게 구분된 역할의 실행과 그에 따른 규칙준수는 가장 적절한 대응방식으로 간주되기 때문이다. 부정적 사태 방지라는 일종의 소극적 대처방식이 각광을 받는 것도 이 때문이다. 그래서 전문직 윤리의 최종목표를 전문직종사자의 좋은 삶으로 설정하는 덕윤리(virtue Ethics)적 접근은 이런 측면에서 더욱 필요로 할 것이다. 도덕적 성격의 육성(cultivating moral character)을 도모하는 장기적 접근방식, 공동체적 사고방식에서 전문직종사자의 적극적 실천을 유도하는 방식은 아리스토텔레스적 의미에서 인간의 덕목(탁월성)이 활동할 수 있는 가능성을 열어둔다는 점에서 중요하기 때문이다. 이런 측면에서 전문직 윤리의 최종 목표를 전문직 종사자의 좋은 삶으로 설정하는 덕윤리적 접근은 전문직 형태의 가장 적실한 형태로 보인다.

이러한 측면에서 전문직과 전문직 윤리를 덕윤리적 관점에서 해명하는 펠리그리노(E. D. Peligrino)의 논의를 주목을 요한다. 그에 따르면, 전문직의 핵심은 전문직의 도움이 필요한 사람들의 복지를 위해 공적으로 헌신한다는 점에서 찾을 수 있다. 단적으로 전문직이란 사회적 기대에 부응하는 특수한 종류의 활동과 행위에 전념하는 직종이고, 해당 전문직 지식이 개인의 이익이 아니라 필요한 사람의 이익을 위해 사용되는 데 헌신하는 직종이다.[43] 이런 측면에서 전문직 윤리란 전문직이 헌신하여 이루고자 하는 목적의 내재적 원리, 규칙, 의무, 덕목들의 합리적이고 체계적인 질서로 구성된다.[44] 주지하다시피 더 윤리가 행위사 중심의 윤리라는 점에서 행위자의 도덕적 삶에서 구현되는 덕목은 매우 중요하다. 펠리그리노는 의료 전문직의 경우 신뢰에 대한 충실함(fidelity to trust), 자비(benevolence), 지적 정직성(intellectual honesty), 용기(courage), 동정심(compassion), 진실성(truthfulness) 같은 덕목이 필요하다고 지적한다. 이들 덕목들은 개별 환자와의 의료적 만남의 본성에 의해 생성되는 것으로서, 무엇보다 예방의학의 실천에 필수적이다.[45]

덕윤리는 한 행위의 옳음보다는 도덕적 행위자의 성격에 초점을 맞춘다. 덕윤리는 인간 사회의 독특한 관계, 정서적 민감성 등을 고려함으로써 원칙주의(Principialism)나 결과주의(Consequentialism)보다 충분한 윤리적 분석을 제공하며, 보다 유연하고 창의적인 해법을 족진한다. 일례로, 가디너(P. Gardiner)는 덕윤리의 강점을 다음과 같이 제시한다. 덕윤리는 인간의 감정이야말로 도덕적 자각의 필수적이고 중요한 부분임을 인정하고, 행위자의 동기 부여를 매우 중요한 것으로 간주한다는 것이다. 또한 규칙들이 확고하게 준수되지 않는다 하더라도, 가장 적실한 선택을 하게 해준다. 이러한 덕윤리의 유연성은 전문직의 실천에서 도출되는 윤리적 딜레마에 대한 창의적 해법을 추구하는 데 도움을 준다는 것이다.[46] 전반적으로 덕윤리는 도덕적 행위자들의 현명한 판단력을 증진시키고,

의무를 넘어서는 훌륭한 행위의 가능성을 꿈꾸게 하며, 도덕적 감수성을 통해 실행에 옮기는 동력을 제공한다.

5. 새로운 전문직 윤리의 가능성을 찾아서

우리 사회에서 전문직은 직종에 따라 차이가 존재하겠지만 일종의 통제불가능한 사회적 권력(social power)을 향유해 온 것이 사실이다. 무엇보다 고난이도의 대체 불가능한 서비스라는 이유로 사회적, 경제적 특권을 독점적으로 누려왔다면, 과연 이러한 서비스가 그만큼의 상응하는 가치가 있는 것인지에 대해 전문직종사자는 적극적으로 응답해야 할 것이다. 여기서의 '응답'은 전문직종사자의 책임 있는 행동(responsible behavior of professional), 일종의 실천적 지혜가 동반된 책임 있는 행위를 의미한다.

현재 우리 사회의 전문직이 겪고 있는 위기의 본질은 보다 근원적인 의미에서 직업적 정체성, 이른바 프로페셔널리즘의 정신을 명확하게 공유하지 못한 데 있다고 본다. 본 글이 전문직의 규범적 차원을 확보하기 위하여 프로페셔널리즘에서 전문직 윤리로의 이행이라는 일종의 우회적 접근을 시도한 것도 바로 이러한 이유 때문이다. 이제 수행자 중심의 실천윤리로서 전문직 윤리는 전문직의 자율성을 담보하는 필수불가결한 요소인 동시에 전문직에 대한 대중의 신뢰 감소를 회복하는 중요한 기제로서 더욱 강조되어야 할 것이다. 특히 통합적 관점에서의 전문직 윤리는 전문직의 부정행위 방지와 덕목의 부활을 지향할 뿐만 아니라 개인과 공동체를 아우르는 일종의 포괄적 형태를 지향해야 할 것이다. 전문직 윤리의 일차적 목표가 부정행위를 저지르지 않는 진실한 전문직종사자의 육성에 있지만, 궁극직으로는 공공선의 창출이 궁극적 목표가 되어야 하기 때문이다. 따라서 이상적인 전문직 윤리는 전문직종사자의 도덕적 자각과 헌신, 공동체적 협력, 제도적 개선 가운데서 구현되어야 할 것이다.

제5장

도덕적 인테그러티와 전문직 윤리[1]

1. 인테그러티 개념의 혼란

인테그러티(Integrity) 개념은 '전체적인'(whole), '완전한'(complete)을 의미하는 라틴어 integer에서 나왔으며, 전체성, 완전성, 일관성을 표현할 때 사용되는 개념이다. 예를 들어 미개척지나 자연생태계가 개발에 의해 훼손되지 않았을 때, 데이터베이스가 오류에 의해 손상되지 않았을 때, 방위체계가 무너지지 않았을 때, 음악작품이 구조적 문제에 의해 간섭받지 않고 완전성을 지녔을 때 인테그러티를 가졌다고 말할 수 있는데, 이 경우 인테그러티 개념을 사물의 완전성(whleness), 무결성(intactness), 순수성(purity)의 의미에서 사용한 것이다. 또 다른 측면에서 인테그러티는 한 인간의 삶을 구성하는 다양한 부분과 연결됨으로써 진실성, 온전성, 충실성, 고결함 등으로 사용된다.

그러나 인테그러티 개념은 우리의 학문 풍토에서 그 중요성에 비해서 엄밀한 의미부여 작업이 유보된 채 사용되고 있다. 이와 같은 인테그러티의 의미적 혼란은 연구윤리를 비롯한 실천윤리의 이론 정립과 현실적 적용을 어렵게 하고 있다. 일례로 여전히 우리 학계에서는 연구진실성(RI, Research Integrity)을 규범 준수에 초점을 맞춘 의무윤리적 전통에서 이해하는 경향이 강하다. 그러나 연구진실성이 전문직으로서의 연구자가 지켜야 할 직업 기준(Professional Standards)의 차원에서 논의될 경우[2] 상당한 한계를 드러낼 수밖에 없다는 점은 주지의 사실이다. 단적으로 인테그러티가 한 개인의 규범 준수와 책임의 반경 속에서 규정되었을 때 그 한계가 크다는 점이다. 이 장은 전문직 윤리의 새로운 방향을 모색하기 위한 예비적 시도로서 인테그러티 개념을 분석한다. 인테그러티 개념의 정교한 분석을 통해 도덕적 인테그러티(moral integrity) 개념을 도출하고, 이를 통해 공동체적 가치를 모색하는 실천윤리로서의 전문직 윤리의 가능성을 찾아볼 것이다.

2. 도덕적 인테그러티 해명을 위한 예비적 고찰: 자기통합과 정체성 사이에서

인테그러티는 한 인간의 인격(character)을 표현할 때 사용되는데,[3] 특히 두 가지 측면에서 설명가능하다. 하나는 한 인간의 개별적인 행동, 관점 등이 서로 모순되지 않고 일관되게 통일되어 있다는 측면에서, 다른 하나는 한 인간의 도덕성과 밀접한 연관 속에서 설명하는 것이다. 흔히 '인테그러티를 가지고 행위하는 것'(acting with integrity)과 '도덕적으로 행위하는 것'(acting morally)을 동일한 의미로 받아들일지의 여부는 바로 이 두 가지 설명 틀 가운데 무게중심을 어디에 두느냐에 따라 달려 있다. 따라서 인테그러티에 대한 개념적 고찰에서 우선적으로 주목해야 하는 것은 도덕과 무관한, 오로지 자기 자신과의 형식적 관계에 초점을 맞추는 인테그러티 개념과 실질적이고 규범적인 강제요인을 지닌 도덕적 인테그러티 개념을 구분하는 것이다. 우선 도덕성과 무관한 인테그러티의 측면을 살펴보자.

(1) 자기통합으로서의 인테그러티

자기통합(Self-integration)으로서의 인테그러티란 인간의 성격 (personality)[4]을 이루는 여러 부분들이 조화롭고, 흠 없이 완전한 전체로 통합되어 있음을 의미한다. 문제는 완전한 전체로 통합되기 위해서 일종의 형식적인 요건만 갖추면 된다는 점이다. 형식적 요건이란 가치평가와는 무관하게 관계를 이루는 요소들간의 일관성을 유지하는가의 여부다. 예를 들어 강한 의지를 갖춘 사람을 상상해보자. 여기서 의지는 의도(intention)와 그에 상응하는 행동 (action) 간에 성립하는 특정한 형식적 관계라 할 수 있다. 문제는 형식적 관계로 이해된 의지는 그러한 의도의 적절성이나 정당성과는 관련이 없다. 오직 의도와 행동 간의 일관성만이 인테그러티의 형식적 조건을 충족할 뿐이다. 실제로 매우 어리석고, 잘못된 고집에 의해서도 인테그러티의 형식적 조건을 충족할 수 있는 것은 이 때문이다. 결국 인테그러티란 어떤 행위자의 욕구나 의욕이 형식적 관계에 있어 모순되지 않고 통일되어 있음을 가리킨다.

이러한 관점을 대표하는 것은 '완벽하게 통합된 자아'(the fully integrated self)라는 개념을 끌어들여 '자기통합'(self-integration)으로서의 인테그러티 측면을 강조하는 프랭크퍼트(H. Frankfurt)의 논의다. 그는 인간과 다른 생물체 간의 본질적 차이점을 인간이 가지는 의지의 구조적 측면에서 찾는다. 그에 따르면, 인간의 성격을 구성하는 요소는 위계화 가능한 욕구들로 이루어져 있다. 인간 이외에 다른 동물들은 무엇인가를 하거나 하지 않으려는 저차원의 욕구, 이른바 1차 욕구(first-order desires)만을 갖는 데 비해, 인간은 특정한 1차 욕구를 대상으로 하는 고차원적 욕구, 즉 2차 욕구(second-order desires)도 갖는다. 따라서 인간만이 이러한 고차원적 욕구를 형성함으로써 결국 반성적 자기평가의 능력을 갖추게 된다는 것이다.[5] 인간은 저차원의 욕구에서 고차원의 욕구로 지속적으로 확장해나갈 수 있으며, 결국 다양한 층위의 욕구를 반성적으로 숙고하여 가장 높은 층위에서 자신의 욕구를 확인, 이른바 동일화(identification)를 이룬다. 이와 같이 자기통합으로서의 인테그러티란 개인의 다양한 욕구들이 조화롭고 완전하게 통합된 상태를 일컫는다.[6]

인테그러티를 자기 통합적 관점에서 해명하는 프랭크퍼트의 논의의 결정적 문제는, 과연 완벽하게 통합된 자아가 우리가 보통 인테그러티를 갖춘 사람이라고 말할 때 부여하는 속성들을 갖추고 있는가 하는 것이다. 프랭크퍼트의 관점은 자아를 구성하는 다양한 욕구에 형식적 한계만을 부여함으로써, 인테그러티에 대한 통념에 반하는 결과를 초래할 수 있다는 것이다.[7]

(2) 정체성을 부여하는 헌신으로서의 인테그러티

인테그러티에 대한 또 다른 관점은 특정 대상에 대한 헌신(commitment)에 있어 확고부동한 진실성을 보인다는 측면에서 인테그러티를 이해하는 것이다. 물론 이때의 헌신은 자기 자신의 정체성을 이루는 것으로 간주될 만큼의 헌신, 즉 자신의 삶에 있어서 가장 근본적이라고 생각하는 것에 대한 헌신으로 이해해야 한다. 윌리엄스(B. Williams)는 이러한 정체성을 부여하는 헌신(identity-confering commitment)을 '근본 계획'(ground project)으로 부른바 있다. 따라서 사람들이 헌신을 불러일으키는 정체성을 포기한다는 것은 자신의 삶에 정체성을 가져다주는 것에 대한 지배력을 잃는다는 것을 의미한다. 윌리엄스에 따르면, 헌신을 불러일으키는 정체성은 나의 현존의 조건이다, 이른바 근본 계획과 관심에의 의지(conatus)야말로 한 개인의 삶을 이끌어나가는 추진력이라는 것이다.[8] 결국 정체성의 관점에서 인테그러티를 본다면, 인테그러티를 가지고 행동하는 것은 바로 자기 자신임을 정확하게 반영하는 방식으로 행동하는 것, 보다 구체적으로는 철저히 자기 자신의 정체성을 규정하는 것이라 여겨지는 동기, 이해관계, 헌신에 입각해서 행동하는 것을 의미한다. 여기서 행위자의 귀속으로서의 '책임' 문제가 도출된다. 윌리엄스가 공리주의를 비판하면서 내세웠던 주된 근거가 인테그러티와 이에 따른 책임 문제였다. 공리주의가 도덕적 행위자를 개성과 인격을 가진 존재로 보지 않음으로써 경우에 따라 개인의 인테그러티를 파괴할 수 있는 가능성이 농후하다는 것, 또한 결과주의 입장에 토대를 둔 공리주의가 행위자의 귀속으로서의 책임을 제대로 고려하지 않는다는 것이었다. 이러한 측면에서 어떤 행위자가 정체성을 부여할 만큼의 헌신을 요구하는 근본 계획에 의해 구체적인 행위를 했다고 한다면, 그 행위에 대한 책임은 전적으로 행위자 자신에게 귀속되어야 한다. 즉 윌리엄스의 인테그러티는 귀속으로서의 '책임' 개념과 밀접한 관련을 맺는다.[9]

인테그러티를 정체성 유지의 관점에서 보는 윌리엄스 논의의 문제점은 '헌신'과 '책임' 문제에서 드러날 수 있다. 인테그러티에 관한 정체성 이론에 따르면, 한 사람의 인테그러티는 그 사람의 가장 심층적이고, 핵심적인 신념들과 포부들이 움직여질 때 작동한다. 문제는 행위자와 동일시될 만큼의 이러한 헌신의 출처가 비도덕적인 경우이다. 자기통합으로서의 인테그러티와 마찬가지로 정체성 유지로서의 인테그러티 역시 규범적 강제요인이 없기 때문에 유사한 문제가 발생할 수 있는 것이다. 인테그러티를 가진 자가 끔찍한 일을 저지른다 하더라도, 그 행위자가 자신이 견지해온 핵심적인 헌신에 부합해서 행위하는 한 자신의 인테그러티를 유지할 수 있기 때문이다. 또한 삶의 근본 계획에 의해 도출된 헌신이 다양한 경우다. 행위자 자신의 정체성을 담보하는 삶의 가치나 원칙이 반드시 하나일 수는 없기 때문이다. 만일 여러 개일 경우, 나아가 그러한 가치나 원칙들이 갈등할 경우 과연 정체성을 부여하는 헌신으로서의 인테그러티를 어떻게 확보해야 할지 불투명하다.[10]

인테그러티에 대한 프랭크퍼트와 윌리엄스의 논의는 인테그러티를 구성하는 개인의 중요한 속성들과 그것들의 정합성을 강조했다는 점에서 의의를 찾을 수 있지만, 도덕적 가치를 정당화하려는 입장에서 본다면 이들의 논의는 상당한 한계를 노출한다. 개인적 측면의 인테그러티가 모두 도덕성을 갖추지 않았다고 단언하기는 어렵지만, 어쨌든 맥팔(L. McFall)이 적절하게 지적하듯이, 인테그러티는 도덕성의 인습적 기준과 결합된 개념인 동시에 그러한 기준들과 갈등을 일으킬 수 있는 개인적 이상(personal ideals)과도 결합되어 있는 개념으로서 어쩔 수 없는 구조적 한계를 드러내기 때문이다.[11]

3. 도덕적 반경에서의 인테그러티

(1) 사회적 덕목으로서의 인테그러티와 공동 숙고의 관점

앞에서 살펴본 자기통합과 정체성 유지의 관점에서 본 인테그러티는 기본적으로 개인적 차원에서 이해된 것이었다. 그러나 인테그러티 관련 논의에서 간과해서는 안 되는 차원이 바로 사회적 차원이다. 왜냐하면 인테그러티를 개인적 차원이 아니라 사회적 차원으로 확장시켰을 때 책임과 도덕적 정당화 문제를 풀 수 있는 단초를 확보할 수 있기 때문이다. 이러한 측면에서 인테그리티에 대한 캘혼(Ch. Calhoun)의 접근은 매우 주목할 만하다. 그에 따르면, 인테그러티란 기본적으로 사회적인 덕목(social virtue)이며, 타인과 공유하는 숙고적 판단에 의해 정의된다.[12] 인테그러티의 사회적 측면은 각각의 개인들이 취할 수 있는 최선의 판단이 일종의 공동체적 관점에서 파악되어야 한다는 점에서 찾을 수 있다. 다시 말해 인테그러티란 어떤 행위가 가치 있고 의미 있는 것인가는 공동체의 숙고과정에서 자신의 역할을 발견하고 그러한 역할에 대해 자신의 관점을 갖는 것을 의미한다. 이러한 과정에서 자신이 내린 판단을 공동체 내에서 옹호해야 할 뿐만 아니라 타인의 결정에 대해 존중해야 한다는 점이 확보된다.[13] '사회적 덕목'으로서의 인테그러티에 대해 그는 다음과 같이 말한다.

인테그러티를 갖춘 사람은 자기 스스로 승인한 것을 동료 심의자(fellow deliberaters)에게도 똑같이 승인받아야 할 만큼의 중요한 것으로 다룬다. 특별한 종류의 사정이 없는데도 자기 자신의 견해를 내팽개치두거나 감추거나 압력 때문에 절회하는 것, 보상 때문에 혹은 처벌을 피하기 위해 자기 자신의 견해를 팔아치우는 것, 어떤 견해를 타인의 나쁜 견해로 간주하는 것에 동조하는 것, 이 모든 행위들은 자기 자신의 판단이야말로 다른 사람에게도 중요한 판단이라고 간주하는 데 실패할 경우 나타나는 지표들이다. 어떤 예술가가 자신의 천재적인 작품을 잘 팔리기 위해 고쳤다면 그 예술가는 인테그러티를 결여한 것이다. 왜냐하면 그는 자신이 가진 최선의 미적 판단을 자기 자신을 제외하고 어떤 사람에게도 중요한 판단으로 간주하지 않았기 때문이다. 그는 공동 숙고의(co-deliberate) 관점을 포기한 것이다.[14]

인테그러티를 공동체적 가치에 대한 최선의 판단을 대표하는 것으로 간주할 경우 기존의 접근에서 찾아볼 수 없는 명백한 장점이 나타난다. 앞에서도 유사한 예를 들었지만 광신주의(Fanatism)의 경우가 대표적이다. 자기 통합성과 정체성 유지의 관점에서 광신도는 인테그러티를 소유한 사람으로 간주될 수 있다. 광신도들은 자신의 욕구나 의도를 일관된 형태로 통합시킬 수 있을 뿐만 아니라 정체성을 이루는 자신의 헌신에 대해 확고부동한 진실성을 갖고 있기 때문이다. 그러나 사회적 덕목으로 간주된 인테그러티에 따르면, 광신도는 결코 인테그러티를 소유한 사람으로 간주되지 않는다. 왜냐하면 광신도는 집단 바깥의 타인의 숙고나 판단을 존중하고 인정하지 않기 때문이다. 위선자의 경우에도 마찬가지로 적용된다. 캘혼에 따르면, 인테그러티를 단순히 개인적 덕목이 아니라 동료 심의자 앞에서 무엇인가를 대표하는 사회적 덕목으로 본다면, 자신의 신념에 대한 확고부동한 의지를 갖춘 사람을 무엇 때문에 염려해야 하는지 그 구체적인 근거를 설명해줄 수 있다는 것이다.[15] 또한 인테그러티를 사회적 덕목으로 이해하면 인테그러티에 대한 방해요소가 어떤 것인지에 대한 기존의 생각을 변화시킨다. 예를 들어 개인적 관점에서의 인테그러티의 방해요소는 주로 내적인(internal) 것이라면, 사회적 관점에서의 인테그리디의 방해요소는 주로 사회적, 관계적 측면에서 나오는 공적 방해물(public obstacles)이라는 점이다. 결국 사회적 덕목으로 이해된 인테그러티는 앞에서 제시된 자기통합성과 정체성 유지의 인테그러티가 노출할 수밖에 없는 한계를 극복할 수 있게 해주는 장점이 있다. 결국 인테그러티에 대한 켈혼의 설명은 공동체의 숙고적 관점과 한 사회의 상식(common sense)을 강조하고 있다는 측면에서 도덕적 인테그러티를 규명하는 데 매우 중요하다고 볼 수 있다. 인테그러티에서 공동숙고의 관점을 강조한 캘혼의 논의는 비첨(T. L. Beauchamp)과 칠드레스(J. F. Childress)의 원칙 중심의 상식적 도덕이론(Principle-based common morality theories)과 매우 유사한 관점을 공유하고 있다. 특히 비첨과 칠드레스는 '상식적 도덕성'에 관해 다음과 같이 말한다.

도덕성은 사회로부터 고립된 개인들에 의해 만들어진 일련의 개인적 규칙이 아니다. 도덕 원칙은 우리의 삶을 지배하는 권위를 가지고 있는데, 이는 어떤 단독적인 자율적 행위자와는 무관한 사회적, 문화적 환경에 기인한다. (…) 덕스러운 행위, 역할의 책임성, 사랑에 대한 수용할만한 형태, 자선적 행위, 자율성 존중, 그리고 많은 도덕적 개념들은 자율적으로 개인들에 의해 수용되고, 주로 문화적 전통으로부터 연원한다.[16]

(2) 도덕적 인테그러티란 무엇인가?

도덕적 반경에서 인테그러티를 살피는 또 다른 방식은 인테그러티를 갖춘 사람이 따라야 하는 헌신(commitment)에 대해 도덕적 강제를 두는 것이다. 인격 전반을 구성하는 인테그러티 개념에 도덕적 강제를 두는 것은 지나치게 협소한 접근일 수 있지만, 본 장에서 시도하는 도덕적 인테그러티에 대한 해명을 위해서는 상당히 유용한 접근으로 볼 수 있다. 일례로 핼펀(M. Halfon)은 그 동안 윤리학에서 덕목으로서의 인테그러티가 완전히 무시되어왔다고 주장하면서, 인테그러티를 일종의 '도덕적 목적'(moral purpose)으로 정의한다. 그는 "인테그러티를 도덕적 삶에 전념하는 것과 그러한 삶이 가능하기 위해 필요한 것이 어떤 것인지 이해하기 위해 지적인 책임을 다하는 것"으로 기술한다.[17] 특별히 그는 자기 자신의 원칙에 순응하는 것 자체가 인테그러티를 보장해주지 않는다고 역설한다.[18] 그는 다음과 같이 말한다.

인테그러티를 소유한 사람은 관련된 경험적 증거들을 평가하는 데 개념적으로 분명하고, 논리적으로 일관되며, 관련된 도덕적 고려사항들을 인정하고 고찰하는 데 신중한 사람들을 일컫는다. 그들은 위와 같은 강제요인들을 스스로에게 부과한다. 왜냐하면 그들은 단순히 어떤 도덕적 입장을 취하는 데 관심이 있는 것이 아니라 가장 최선의 행동을 하기 위해 전적으로 몰두하기 때문이다.[19]

덕목으로서의 인테그리티를 강조하는 핼펀의 논의는 행위자가 도덕적 목적을 명확히 설정하고, 도덕적 숙고과정에서 통일성과 책임감을 보여줌으로써 도덕적 인테그러티를 설명하는 데 매우 주목할 만한 시도라고 할 수 있다. 특히 인테그러티를 덕목으로 이해했을 때, 전통적인 덕의 기능인 행위의 동기부여(motivation)를 명확하게 설명할 수 있는 것은 큰 장점이다. 물론 여기서의 관건은 행위자의 도덕관과 이에 따른 숙고과정이 과연 상식적 도덕성에 부합할 수 있는가 하는 것이고, 도덕적 강제요인이 단순히 형식적 강제요인이 아니라 실질적 요인이 될 수 있는가 하는 것이다.

덕목으로서의 인테그러티에서 주목해야 할 또 다른 측면은 과연 인테그러티가 도덕적 능력을 지닌 단독의 덕목(single virtue)인지 아니면 일종의 군집 개념(cluster concept)인지 하는 것이다. 지금까지 살펴본 다양한 접근을 돌아볼 때, 인테그러티를 하나의 덕목으로서도 간주할 수 있지만, 인간의 인격(character)의 다양한 질적 요소를 담고 있는 군집개념으로도 볼 수 있기 때문이다. 후자의 맥락에서 본다면 인테그러티는 단독의 도덕적 능력(capacity)의 활동으로 환원될 수 없으며, 동일함을 승명할 수 있는 도덕적 목적에 대한 전적 추구로도 환원될 수 없을 것이다. 예를 들어 롤즈(J. Rawls)는 자신의 책『정의론』에서 도덕적 관점을 구성하는 데 있어서 인테그러티의 한계를 지적하면서 인테그러티를 기본적으로 덕목들의 집합(신의, 성실, 정심, 헌신, 진정성)으로 이해하고 있다. 롤즈는 인테그러티에 대해 다음과 같이 말한다.

여기에서 주목해야 할 것은 오랫동안 확립되어 온 가치관에 대한 사회적 불신 및 신념이 상실될 경우 인테그러티의 덕목들(virtues of integrity), 즉 신의(truthfulness), 성실(sincerity), 정심(正心, lucidity), 헌신(commitment) 혹은 혹자의 말대로 진정성(authenticity) 등에 의지하려는 경향이 생긴다. (…) 만일 전통적인 도덕 규칙들이 더 이상 적절하지도 않고 어떤 것이 그것들을 대신할 것인지도 합의할 수 없을 경우에는, 우리는 어떻게 해서든지 이미 우리에게 어떤 것이 결정되어 있고 우리가 어떤 권위를 받아들여야 한다는 생각을 버리고 우리가 어떻게 처신할 것인지를 맑은 정신으로 결정할 수가 있을 것이다. 그런데 물론 인테그러티의 덕목들도 덕목이며 자유로운 인간의 탁월성에 속한다. 그러나 그것들은 필요한 것이기는 하지만 충분한 것은 아니다. 왜냐하면 그것들에 대한 정의는 어떤 내용이라도 거의 허용하고 있기 때문이다. 즉 폭군도 이러한 속성들을 대단한 정도로 나타낼 수 있으며, 그렇게 함으로써 정치적인 구실이나 운명을 변명 삼아 자기기만을 하지 않고서도 확실한 매력을 나타낼 수 있다. 이러한 덕목들만 가지고는 도덕적 관점을 구성할 수 없다. 그것은 형식상의 덕목들로서 어떤 의미에서는 2차적인 것이다.[20]

롤즈는 도덕적 관점의 구성요소로서 인테그러티라는 덕목들(의 집합)은 필요조건에 불과하지 충분조건은 되지 못한다고 역설하면서, 형식상의 덕목들로서의 인테그러티가 한 사회의 도덕적 위기를 극복할 수 있는 완벽한 대안이 될 수 없으며, 여기에서는 반드시 적절한 정의관이 보충되어야 한다고 주장한다. 그러나 롤즈가 인테그러티를 형식적 인테그러티로 이해하고 있다는 점은 오히려 도덕적 인테그러티 개념의 정립의 필요성을 환기시켜 준다. 사회 정의가 보통 사람의 도덕적 신념과 가치관을 담고 있는 포괄적 교설간의 '중첩적 합의'(overlapping consensus)에서 도출되는 것이라면, 인테그러티 역시 이와 같은 포괄적인 틀에서 도덕적 정당화 작업이 필요하기 때문이다. 이러한 정당화 작업은 사회정의를 수립하는 과정에서의 인테그러티의 역할을 더욱 중요하게 만들 것이다.

덕목으로서의 인테그러티는 지금까지 고찰해 온 인테그러티와 상당히 다른 차원을 지시해준다. 그 가운데 가장 중요한 점은, 인테그러티가 단순한 통합이 아니라 오랜 시간에 걸쳐 이루어낸 통합의 결과라는 점, 다시 말해 오랜 시간에 걸쳐 이루어낸 인격적 통합의 결과이지 단순한 현재의 통합이 아니라는 것이다. 왜냐하면 삶 전체의 관점에서 선한 삶을 촉진하려는 덕 윤리적 관점에서 덕(탁월성)이야말로 일종의 오랜 노력(orexis)을 통해 얻어진 습관처럼 형성된 깃(hexis)이기 때문이다. 따라서 덕목으로서의 인테그러티 역시 한 인간의 지속적 노력과 성취의 측면에서 평가되어야 한다. 이러한 측면에서 덕목으로서의 인테그러티는 아리스토텔레스의 '중용'(mesotes)과 실천적 지혜(phronesis)을 연상시키는 이른바 균형잡기(조정, balancing)[21]의 필요성을 강하게 제기한다. 인테그러티를 훼손하거나 무너뜨리는 수많은 성질들이나 악덕들 사이에서 균형을 잡고, 유지해가는 노력 자체가 인테그러티의 본질을 이루기 때문이다.

지금까지 도덕적 반경에서 인테그러티 개념의 특징을 자세하게 살펴보았다. 특히 행위자가 관여(헌신)하는 규범의 내용에 대한 강제요인은 도덕적 인테그러티를 정립하는 데 중요한 요소이며, 심각한 도덕적 결함은 인테그러티를 무너뜨리는 강력한 요인임을 앞에서 확인해보았다. 그렇다면 우리의 목적인 연구윤리를 비롯한 실천윤리에서 인테그러티 개념이 적실하게 사용되기 위해서는 어떤 측면을 보완해야 할 것인가? 다시 말해 도덕적 인테그러티(Moral Integrity)를 정의하기 위한 실질적인 고려사항은 무엇인가? 지금까지 고찰한 인테그러티 개념에서 중요한 사안을 간추리면 다음과 같다.

첫째, 원칙과 행위 간의 정합성은 가장 기초적인 조건이다.

둘째, 행위자의 성격의 통합에서 도덕성은 중요하게 고려되어야 한다.

셋째, 인테그러티를 갖춘 행위자의 도덕성이 넓은 의미에서 상식적 도덕성에 부합해야 한다.

넷째, 도덕 규범을 충실하게 고수하려는 행위자의 지속적인 노력과 성취의 측면이 반영되어야 한다.

이 네 가지 고려사항은 그 동안 인테그러티에 대한 개념 정의에서 간과되어 온 도덕적, 사회적 차원을 강화하기 위함이다. 첫 번째 조건은 개인적 인테그러티와 도덕직 인테그리티 양자에 공통적인 조건이라면, 두 번째에서 네 번째 조건은 도덕적 인테그러티에만 속하는 조건이라 할 수 있다. 도덕적 인테그러티 정립을 위한 도덕적 틀거리가 중요한 것은 바로 이 때문이다. 위의 네 가지 고려사항을 고려하면서, 비첨과 칠드레스가 명시한 도덕적 인테그러티의 정의를 살펴보자.

도덕적 인테그러티는 합리적으로 안정되고, 정당화 가능한 도덕적 가치들의 정합적 통합(coherent integration)이 가지는 인격적 특성이다. 특별히 판단과 행위 안에서 그러한 도덕적 가치들에 충실하게 따르려는 모습을 보여준다. 도덕적 인테그러티를 소유한 사람은 도덕성이 요구하는 것을 충족시키지만, 도덕적 최소기준보다 더 높은 기준들을 수용할 수도 있다. 도덕적 인테그러티를 소유한 사람의 범례는 도덕적 갈

등에 의해 혼란을 겪거나 방향을 잃지 않고, 개인의 도덕적 이상뿐만 아니라 상식적 도덕성(common moraltiy)의 기준들에 충실하다. 인테그러티라는 이러한 덕목은 단지 접근될 수 있을 뿐이지만, 여전히 가치 있고, 실행 가능한 것이다.[22]

특히 비첨과 칠드레스는 인테그러티야말로 헌신(commitment)의 역사, 가치의 안정성과 정합성, 인격적 책임의 맥락에서 인간의 행위와 인격에 주의를 기울여야만 이해될 수 있는 개념이라고 역설한다.[23] 주목해야 할 것은 인테그러티에 대한 이 같은 분석이 규칙 중심의 의무론뿐만 아니라 덕의 윤리를 동시에 고려해야 확보할 수 있다는 점이다. 이 점은 후속 논의에서 연구 인테그러티를 중심으로 분명하게 밝혀볼 것이다.

4. 연구진실성: 덕의 윤리와 공유 책임의 맥락에서

실천윤리 영역에서 인테그러티가 가장 빈번하고 중요하게 사용되는 곳은 바로 연구윤리 영역일 것이다. 특히 연구윤리의 중요한 목표로 설정되었던 '연구부정행위'(Research Miisconduct)의 방지, '책임 있는 연구수행'(Responsible conduct of Research), '바람직한 연구실천'(Good Research Practice) 등은 리서치 인테그러티(Research Integrity), 즉 연구진실성[24]과 긴밀한 연관관계를 갖는다. 이러한 중요성에도 불구하고 연구진실성 개념 자체에 대한 심도 있는 논의가 부족한 관계로 연구윤리의 기본 방향과 목표 자체가 상당한 혼란을 가져온 것이 사실이다. 우선 연구진실성에 대한 스테넥의 정의와 그 한계를 정확히 집어보면서 인테그러티 개념에 대한 철저한 논의가 왜 필요한지 심도 있게 살펴볼 것이다.

우선 스테넥은 '연구'(research)라는 행위가 전문직의 활동이고 연구를 수행한다는 것이 특별히 교육과 훈련을 받은 개인들에 의해 수행된다고 봄으로써 연구자를 전문직(profession)으로 전제하고 있다. 그래서 그는 책임 있는 연구수행(RCR)을 "연구자가 전문직으로서의 책임(professional responsibility)을 실현하는 방식 속에서 연구를 수행하는 것",[25] 혹은 "전문적 영역에서 발휘되는 좋은 시민정신"[26]으로 정의하면서, 이를 두 가지 하위 영역으로 구분하고 있다. 하나는 연구윤리(RE) 영역이고, 다른 하나는 연구진실성(RI) 영역이다. 그에 따르면, 전자는 윤리 원칙(moral principle)의 관점으로부터 조망되는 연구태도로 연구자들이 무엇을 해야 하는지에 대한 질문을 제기할 때 필요하며, 후자는 전문직의 기준(professional standards)의 관점에서 조망되는 연구태도로 연구자들의 행위를 이끄는 일종의 가이드라인 역할을 한다.[27] 결국 인테그러티를 스테넥의 정의에 부합해서 이해한다면, 연구진실성은 전문직으로서 연구자가 지켜야 할 직업 기준에 지나지 않을 것이다. 그는 다음과 같이 말한다.

연구진실성을 윤리 원칙과 전문직의 기준 양쪽의 용어로 규정짓는 것은 문제가 있다. 연구에서 윤리 원칙과 전문직의 기준은 다른 역할을 수행한다. '진실됨'이라는 도덕적 의무가 어떤 전문적 규약에 의해 지지된다고 하더라도, "날짜가 기입될 뿐만 아니라 사인이 첨부되고 제본된 노트에 데이터를 정확하게 기록하고 보고해야 하는" 전문직의 책무 혹은 제도적 요구사항과 같은 방식으로 전문직의 삶에서 기능하지 못한다.[28]

그렇다면 연구진실성에 관한 스테넥 논의의 한계는 무엇인가?

첫째, 연구진실성의 영역이 전문직의 직업기준으로 한정되기 어렵다는 점이다. 스테넥은 연구윤리와 연구진실성의 영역을 구분하면서, 전자는 도덕원칙에 의해 안내되거나 도덕원칙들의 관점에서 측정되는 연구태도이며, 후자는 전문직의 기준에 의해 안내되거나 전문직의 기준들의 관점에서 측정되는 연구태도로 규정한다.[29] 문제는 과연 이 두 가지 영역이 명확하게 구분될 수 있는가 하는 것이다. 연구진실성의 영역이 통상적인 도덕성(ordinary morality), 평범한 도덕적 고려를 통해서는 해결하기가 어려운 역할한정적(role-specific)이며 전문적인 기준의 필요성에 의해 도출된다고 하더라도, 전문직 기준이 일반적 도덕성과 전혀 다른 규범적 기반을 갖는다고 볼 수 없다. 설사 전혀 다른 규범적 기반을 갖는다고 하더라도, 통상적인 도덕적 고려가 전문직의 실천, 연구자의 연구활동에 반드시 개입되어야 한다. 전문직의 기준은 전문직 실천에서 일종의 '규율적 기능'(disciplinary function)을 담당하는 장점도 있지만, 전문직의 기준이 해당 전문직의 도덕적 숙고의 산물이 아닌 전문직의 이기주의를 대변하기 위한 의도적 산물일 경우 전문직의 부정적 관행을 위한 창구역할을 할 수 있기 때문이다.

둘째, 연구진실성의 의미 반경을 확대할 필요가 있다는 점이다. 연구자로서 엄격하게 경계지워진 역할의 실행과 그에 따른 규범 준수는 아리스토텔레스적 의미에서 인간의 덕목들이 활동할 수 있는 여지를 남겨두지 않는다. 연구자로서의 전문직의 역할이 기존 제도와 관행 속에서 지극히 소극적이고 방어적으로 규정지어질 수밖에 없는 현실에서, 연구자에게 요구되는 규범적 차원의 논의를 좀더 포괄적인 틀에서 보아야 할 필요성은 바로 여기에 있다. 전문직으로서의 연구자는 잘못된 행위와 관행을 적극적으로 수정해가면서 결국 도덕적 탁월성(moral Excellence)을 성취하기 위해 삶 전체적 관점에서 노력해야 할 것이다. 이른바 덕윤리적 관점에서 '교화된 전문직'(Educated Profession)은 연구진실성을 정립하는 데 있어 중요한 역할을 담당해야 한다.

셋째, 책임 있는 연구수행에서 과연 '책임'의 범위는 어디까지 설정해야 하는가이다. 연구윤리 영역에서 일종의 사각지대를 형성하는 것이 '명백한' 연구부정행위가 아니라 개인의 책임 소홀과 사회적 관행이 중첩된 광범위한 '부적절한 연구관행'(Questionable research practice)이라는 점에 주목한다면, 인테그러티가 한 개인의 규범 준수와 귀속으로서의 책임 안에서 규정되었을 때 그만큼 한계를 노출할 수 있다는 점이다. 이러한 측면에서 책임 개념은 책임의 소재가 연구자 개인이 아닌 공동체까지 포괄할 수 있는 이른바 '공유 책임'(shared responsibility)이어야 할 것이다. 왜냐하면 연구 활동 자체에 내재해 있는 사회적 성격뿐만 아니라, 연구 현장에서 여진히 뿌리 깊은 관행들을 극복할 수 있는 공동체의 역할은 매우 중요하기 때문이다.

그 동안 연구윤리의 강조점은 연구기획, 연구수행, 연구결과 발표 같은 일련의 연구과정에서 연구부정행위를 차단하거나 방지하는 데 초점이 맞추어져 있었다. 이것은 연구윤리를 통해 단순히 부정행위를 사전에 예방하고자 하는 소극적 의미에서의 예방윤리적 접근이며, 연구자의 연구 역량에 비례하거나 넘어설 수 있는 도덕성 함양을 적극적으로 고려하지 않은 단편적 접근이라 할 수 있다. 연구부정행위 방지를 통해 바람직한 연구 풍토를 낳을 수 있다는 지나친 낙관은, 연구진실성을 규범 준수와 개인의 책임의 반경에서 묶어둠으로써 그 자체를 평가, 측정이 가능한 것으로 만들 수 있다는 확신에서 비롯된 것이다. 따라서 중요한 점은 연구부정을 저지르지 않는 연구자의 육성뿐만 아니라 연구공동체의 바람직한 연구문화 확립과 사회적 책임의식 고취라는 장기적 목표가 균형 있게 실현되어야 한다는 것이다. 결국 이와 같은 바람직한 연구실천(Good Research Practice)[30]이라는 목표에 연구진실성이 핵심 개념으로 자리잡아야 할 것이다.

5. 전문직 윤리에서의 인테그러티의 위상

지금까지 인테그러티 개념을 다양한 각도에서 살펴봄으로써 도덕적 인테그러티에 대한 개념을 명료화했고, 이후 이 개념의 중요성을 연구윤리의 사례를 통해 도출해보았다. 이러한 작업을 통해 인테그러티 개념이 단순히 개인적 차원을 넘어서 공동체적 차원과 연계되어 있으며, 도덕적 규범과 이를 준수하려는 지속적 노력에 의해 규정되며, 무엇보다 상식적 도덕성에 부합해야 함을 강조했다.

인테그러티 개념을 도덕적 차원과 무관하거나 느슨하게 규정하는 시도들, 나아가 협소한 윤리이론의 틀 안에 가두고자 하는 시도들은 실천윤리 영역에서 인테그러티의 위상과 역할을 제대로 파악하지 못한 데서 나온 것이라 할 수 있다. 인테그러티에 대한 해명 작업이 단순히 도덕적 정당화뿐만 아니라 보다 포괄적인 측면에서 도덕적 관점을 요구한 것은 바로 이 때문이다. 무엇보다 새롭게 정립된 도덕적 인테그러티는 행위자의 성격의 통합을 강조하면서도 상식적 도덕성에 부합하는 덕목으로서 도덕 규범을 충실하게 고수하려는 행위자의 지속적인 노력과 성취의 측면이 강하게 반영된 개념이다. 이런 측면에서 도덕적 인테그러티 개념은 전문직 윤리에서 담당해야 할 핵심 역할이 무엇인지 명확하게 제시한다는 점에서 중요하다. 따라서 인테그러티 개념에 대한 해명은 전문직 윤리의 새로운 가능성을 탐색하기 위한 디딤돌이 될 수 있을 것이다.

인테그러티 개념은 지금까지 전문직의 삶과 실천에서 제대로 강조되지 못했던 것이 사실이다. 그나마 비첨과 칠드레스가 『의료윤리의 원칙』에서 의료 전문직에게 필요한 덕목으로 자비(compassion), 분별력(discernment), 신뢰(trustworthiness)와 함께 인테그러티를 꼽을 정도이다.[31] 그럼에도 불구하고 전문직이라는 직업적 이상과 전문직의 사회적 현실 간의 간극이 크게 벌어지고 있는 지금의 상황에서 전문직 종사자의 책임 있는 행동과 사회적 책임의식뿐만 아니라 인테그러티 함양은 더욱 중요해지고 있다. 이런 측면에서 전문직 종사자들이 인테그러티를 고양시키는 것은 전문직 실천에서 매우 어려운 작업이지만 반드시 성취해야 할 중대한 사안이라 할 수 있다. 전문직은 도덕적 인테그러티를 육성할 만한 능력과 역할 책임(role responsibility)을 가지고 있다. 이른바 '교화된 전문직'(Educated Profession)으로서 그에 상응하는 도덕적 인테그러티를 소유하는 것, 이것이 현재 전문직 윤리에서 요청되는 중대한 사안일 것이다.

6장

학문공동체의 공공선을 찾아서[1]

1. 연구중심인가, 교육중심인가?

대학의 전통적 이념을 굳이 떠올리지 않아도 대학은 '연구'와 '교육'을 궁극적으로 지향하는 학문공동체다. 또한 학문 탐구와 그 탐구된 내용의 전수 혹은 계승은 대학에서의 연구와 교육의 불가분성을 의미하는 유력한 징표이기도 하다. 그러나 언제부턴가 교육보다는 연구가 우선시되는 관행이 우리 대학에 우세하게 자리잡고 있다. 아마도 연구경쟁력 강화를 통한 대외적 위상 확보라는 우리 대학들의 지상목표와 결부되어 있기 때문이고, 교수 개인의 측면에서는 연구야말로 자신의 전문적 지위를 확실히 보장해주는 유용한 수단이기 때문일 것이다. 오늘날의 대학교수는 단순한 학자가 아니라 '교수, 연구자, 프로젝트 매니저, 행정가, 자금조달자'로서의 역할을 골고루 담당할 수 있는 이른바 멀티플레이어가 되어야 한다. 이러한 교수 역할의 분화 및 확대는 교육보다는 연구, 연구 성과 발표 및 학술행사 기획, 외부 자문 등에 교수의 역량이 집중되는 결과를 초래했다.

전통적으로 대학은 칼리지움(Collegium)이었다. 이것이 관료적인 것이 되어가고 있다. 복잡한 행정상의 상부구조가 대학의 학술, 연구, 그리고 사업 부분 위에 세워졌다. 학교의 동질성으로부터 분리될 수 없었던 이전의 기능들이 이제 교수의 위치에 의하지 않고 그리고 종종 교수의 통제 밖에서, 전문화되고 직업적인 사람들에 의해 대체되었다. 자주적 학자의 자유공동체로서 대학의 징통적 중심이었던 가르치는 행위는 더 이상 대학의 중심적 기능이 되지 못하는 상태가 되어버렸다.[2]

1960년대 미국 대학교육에 대한 다니엘 벨(D. Bell)의 날카로운 분석은 지금 우리 대학의 현실적 상황을 그대로 보여주는 것 만큼 생생하다. 사실 더욱 심각한 문제는 연구중심의 경쟁력 강화가 몰고온 학부교육의 부실화이다. 연구중심의 경쟁력 강화가 대학교육 부실화의 주범이라고 날카롭게 지적한 프랭크 뉴먼(F. Newman)의 언급은 현재 우리 대학 현실에 시사하는 바가 매우 크다.

이상적으로 볼 때는 학생 교육에의 헌신을 이야기하지만, 현실은 학생들이 학습의 실패에 대해 주로 책임지고 있다. 이상은 가르치는 데 헌신한다고 이야기하지만, 현실은 4년제 대학과 교수들이 너무 많은 시간과 열정, 창의력을 연구와 발표 및 외부 자문에 기울인다. 이상은 대학교육의 문을 넓힌다고 외치지만, 현실은 경제력이 아닌 성적 기준 보조금이 점점 늘어나고 있고, 대학들은 가장 우수하고 부유한 학생 모집에 점점 치중하고 있다. 이상은 공동체에 봉사한다고 외치지만, 현실은 《유에스 뉴스 앤 월드 리포트》 같은 출판물에서 순위를 올리는 데 집중한다. 이상은 믿을 만하고 근본적이며 사회에 기여하는 학문이 중요하다고 선언하지만, 현실은 연구에 대한 기업의 통제력이 커지고 교수진 사이의 이윤경쟁이 커져서 공평함이 무너지고 있다. 대학교육의 이상과 성과 사이의 간극들은 매우 크고, 지금도 늘어나고 있다.[3]

연구중심대학의 문제점은 교육이 경시되는 문화가 지나치게 팽배해 있다는 것이다. 연구논문의 양과 연구비 수주규모 중심의 업적평가가 교육에 대한 평가절하로 고스란히 이어지고 있는 것이다. 교수들이 자신들의 연구성과에만 가치를 두다 보니, 교육내용과 교수법 개선을 위한 노력은 자연스럽게 소수의 교수들만의 관심사가 되었다. 설사 교육상의 훌륭한 성과들이 도출된다고 하더라도 현실적으로 교수진 내에서 공유되기가 힘들다는 것도 큰 문제다. 그만큼 강의와 교육은 교수들의 고유한 영역으로서 서로간에 침해할 수 없는 철옹성 같은 폐쇄적 영역으로 오랫동안 자리잡아왔다. 결국 개인의 학문적 약진을 의미하는 연구성과만이 대학사회에서 주목을 받게 됨으로써 대학 기능의 또 다른 축인 교육의 기능은 상대적으로 축소되었다. 사회변화의 실질적 동력은 졸업생의 95% 이상인 대다수의 일반 졸업생에 의해 이루어진다는 점을 깨달아야 한다"는 언급에서 알 수 있듯이 학부교육에 대한 교육전문가들의 비판은 교육의 위기상황을 떠올리게 할 만큼 심각한 수준이라고 할 수 있다.

그렇다면 대학에서 연구와 교육의 균형은 애초부터 불가능한 것이어서, 결국은 양자택일의 문제일 수밖에 없는가? 대학의 현실적인 여건에서 교육부실화의 문제를 풀어나갈 수 있는 실마리는 무엇인가? 이 장의 문제의식은 바로 여기서 출발한다. 연구중심의 경쟁력 강화가 대학교육, 특히 학부교육의 부실화를 가져온 원인이라고 가정할 때, 연구윤리(Research Ethics) 이외에 이를 보완할 수 있는 새로운 윤리로서 교육윤리(Teaching Ethics)가 필요하다는 주장이다. 그래서 이 장은 교육윤리를 연구윤리와 함께 '교수윤리'의 중요한 영역으로 설정하고, 이를 세부적으로 실천하기 위한 방안을 살펴볼 것이다. 나아가 연구윤리에서 강조되고 있는 '바람직한 연구 실천'(GRP, Good Research Practice)의 대응 개념으로서 '바람직한 교육 실천'(GEP, Good Educaiton Practice)이라는 개념의 적용가능성도 살필 것이다. 연구윤리교육이 연구자의 학문적 역량을 극대화하는 동시에 그에 부합하는 윤리의식과 책임감을 고취시키는 것이 목적이라면, 또 다른 축인 교육윤리가 제대로 구현될 때만 대학 교육의 본래 기능이 제대로 발휘될 수 있을 것이다.

2. 대학교육의 위기와 교양의 몰락

"대학교육은 여전히 가치가 있는가?" 대학의 위기가 일상화된 사회에서 대학교육에 대한 냉소와 턴식이 넘쳐나고 있다. 현재 대학교육은 교육의 최종경험으로서 '고등교육'(higher Education)의 위상을 상실하고 중등교육과 전문교육의 경계에서 표류하고 있다. 유일한 자원이 사람밖에 없는 절박함과 교육에 대한 열정은 사회 발전의 원동력으로 작동했지만, 이제 고등교육은 경이로운 속도로 변화하는 시대 속에서 가장 뒤쳐진 개혁의 대상으로 전락하고 말았다. 결국 대학의 현안문제는 대학의 생존을 위협하는 조건으로부터 자신의 고유한 위상을 어떻게 확보할 것인가 하는 것이다.

> 학부생의 경험을 형성하는 교육적 이상이 더 이상 확대되지 않으면서 학생들에게 영향을 주는 결정들은 그들의 즉각적인 요구를 충족시키는 데만 맞추어져 있다. (…) 대학은 학부생을 위한 교육에 대해 너무나 허약하고 피상적인 이해를 하고 있다. 대학은 무엇을 가르쳐야만 하는 것에 대해 혼동을 느끼고, 교육적 문제에 대한 응답에 있어서 불확실하거나 심지어 원칙을 모른다.[5]

루이스(H. R. Lewis)가 지적하고 있는 미국 대학교육에 대한 비판은 우리 대학 현실에도 그대로 적용될 수 있는 것으로 보인다. 학생들이 대학에서 인생의 장기적인 비전을 수립하여 바람직한 가치관 형성과 진로 탐색을 수행해나가는 것이 중요하지만, 정작 대학은 불과 4-5년 뒤의 가시적 성과만을 강조함으로써 학부교육 자체가 파행을 겪고 있다는 지적은, 사회에서 부추기는 전문화(professionalization)의 요구가 그만큼 강력하다는 증거일 것이다. 문제는 대학 스스로가 사회가 요구하는 효용성에 휘둘리면서 교육의 기본체계와 원칙이 무너져 대학교육 자체가 기형적으로 변했다는 점이다.

독일의 철학자 가다머(H.-G. Gadamer)는 1986년 하이델베르크 대학 강연에서 당시 독일의 대학에 대해 예리한 비판을 내놓은 적이 있다. 대학 문제를 바라보는 가다머의 시각은 훔볼트식 대학 이념이 현재 대학 여건에서도 유효한가를 타진하고 있다. 주지하다시피 훔볼트의 대학 이념은 고대 그리스의 인간다움의 이념, 즉 파이데이아(paideia) 전통을 당시의 정치적, 문화적, 종교적 맥락에서 새롭게 재건하려는 시도로 간주된다.

1810년 훔볼트는 베를린 대학을 설립하면서 '학문의 자유'(academische Freiheit)를 표방하였고, '교의(doctrine)에서 학문 연구(research)로의 이행'을 적극적으로 모색하였다. 교의가 독단적이고 특수적이라면, 학문 연구의 대상인 진리는 보편적이다. 주목할 점은 학문 연구의 참여, 즉 진리 탐구가 결코 전문직(profession)에 대한 준비가 아니라 근본적으로 '전인적 인간형성'을 의미하는 교양(Bildung)을 습득함을 의미한다는 것이다.[6] 교양은 유익하고 유용한 것으로부터의 거리두기이며, '이상(이념)을 가지고 살아가는 것'을 의미한다. 훔볼트의 표현에 따르자면, 교양은 자신이 가진 능력을 가장 최고로, 가장 조화롭게 구현해나가는 과정이다. 교양에서 그만큼 연구와 교육의 통일, 창의적 사유, 결과보다는 과정이 중시되는 것은 결국 교양의 궁극적인 목표가 조화로운 인간을 양성하는 전인교육에 있기 때문이다. 이러한 측면에서 인간의 배움을 결정짓는 학문적 자유(Freiheit)와 진리 탐구의 고독(Einsamkeit)은 베를린 대학 이념의 기초적인 가치 개념들이었다. 가다머가 훔볼트의 교육이념이 낡은 것이 아니라 여전히 중요하다고 확신했던 궁극적 이유는 훔볼트 교육개혁의 핵심이 단순한 대학 문제뿐만 아니라 현대 문화를 갱신하는 데 중요한 역할을 할 수 있다는 믿음 때문인 것으로 보인다. 기술공학적 방법론의 전방위적 확산, 경제지상주의의 팽배 속에서 나타나는 실천적 지혜의 무력화, 과열된 전문직 열풍 등 현대사회의 근본적 문제점 역시 현재 대학이 안고 있는 문제와 크게 다르지 않다면, 전인적 인간형성을 위한 통합적 지식 모델은 매우 중요한 대안적 가치를 지닌다는 것이다. 가다머는 교양교육과 전문학의 조화로운 균형을 가능케 했던 훔볼트식 교육모델, 즉 법률가, 의사 등 본격적으로 전문직 양성을 시도한 베를린 대학이 전문적 직업교육 이외에 인문주의 교육을 확고하게 정립시킨 궁극적 맥락에 주목하면서, 훔볼트가 강조했던 당장의 직업적 유용성을 염두에 두지 않는 자유로운 탐구정신과 평생 요청되는 자기형성 능력이 오히려 전문화시대에서 빛을 발할 수 있다고 확신한 것으로 보인다. 어쨌든 현대 대학에 대한 가다머의 비판은 다음과 같이 요약해볼 수 있다.

우선 현대 산업사회에서 교양의 급격한 몰락은 대학에서의 연구와 교육의 분리를 가져왔다는 것이다. 사회가 강력하게 추동하는 경제적 유용성은 대학의 교육적 책무를 극단적으로 훼손시켰고,[7] 연구 분야 역시 기초 분야보다는 응용 분야만 비대해지는 결과를 낳았다. 한마디로 연구와 교육이 상호작용하면서 한 인간의 실천적 삶에 적극적으로 관여하는 통합적 교육 모델, 즉 연구를 통해 교육이 이루어지고, 교육이 연구로 이어지는 선순환적 모델이 대학에서 사라져버렸다는 것이다.[8] 또 하나는 대학이 대중대학(mass university)으로 변모하면서 교육적 상호작용이 거의 불가능한 정도로 교육의 소외현상이 심각해졌다는 것이다. 지식과 학문에 대한 열망으로 뭉친 '수강생들의 모임'(universitas scholarum)이 와해되면서, 교수와 학생 간의 심각한 관계 단절 현상이 노출되었다는 점, 전공 학과 간 혹은 세부 전공 간의 지적 소통이 불가능해짐으로써 교육과 연구 부문에서 가장 중요하게 모색해야 할 가치인 '학문의 종합'(universitas litterarum)이 퇴색했다는 점, 마지막으로는 대학에서 연대성이 퇴색하면서 학생과 학생간의 관계가 소원해지고, 학생들이 그들이 살아가는 사회와 단절되면서 비전을 상실하게 되었다는 것이다.[9]

가다머의 비판 이외에도 한국적 상황에서 학부교육의 위기로 주목해야 하는 것은 아마도 학부교육의 동형화 현상일 것이다. 대학마다 차별성과 고유성을 내세우며 학부교육의 특성화를 외치지만,

결국 무늬만 특성화를 띠고 있다는 점이다. 학부교육에 대한 진지한 고민 아래 학교만의 고유한 교육철학과 교과과정을 내놓기보다는 오히려 선진외국대학이나 국내 상위권대학의 교육 모델이나 프로그램을 모방하는 데 주력함으로써 학부교육의 동형화라는 안정적 전략을 택하는 것이다. 뿐만 아니라 정부지원사업에서 제시하는 평가 역시 지나치게 규격화된 기준을 요구한다는 점에서 교육의 혁신과 창의성을 가로막는 이유가 되고 있다.[10]

또 하나는 여전히 만연한 지식전수형 교육의 폐해다. 전공과 교양을 막론하고 교육현장에서 여전히 교수자들은 자신의 전공과 교양의 지식을 총동원하여 학생들을 가르치려 하는 것이 문제다. 교수자의 입장에서는 한 학기 시간이 모자랄 만큼 가르치고자 하는 내용이 넘쳐나지만, 학생의 입장에서는 별로 배운 것도 남는 것도 없다. 교육의 '과잉'과 학습의 '빈곤'이라는 역설이 반복적으로 재생산되고 있는 것이 대학의 현실인 것이다.

3. 교육윤리 개념 정립을 위한 하나의 시도

(1) 연구윤리, 교육윤리, 학습윤리

대학사회의 바람직한 연구문화 조성을 위한 연구윤리와 연구윤리교육이 강조된 지 상당한 시간이 흘렀다. 그럼에도 불구하고 지금의 연구윤리와 연구윤리교육이 주로 연구자에 해당할 수 있는 교수, 박사급연구원, 대학원생에 초점이 맞추어져 있기 때문에 대학공동체에 작동하는 윤리 영역은 대체로 두 가지 측면에서 공백이 우려된다. 연구보다는 배움이 우선시되는 학부생을 위한 학습윤리(Learning Ethics)가 첫 번째고, 이들의 교육을 담당하는 교수들의 교육윤리(Teaching Ethics)가 그 두 번째다. 물론 연구윤리와 교육윤리, 학습윤리는 명확하게 구분되는 독립된 영역이 아니라 서로간의 영역이 중첩될 만큼 밀접한 연관관계를 갖는다. 상호간에 비교를 통해 교육윤리 개념을 명확하게 설정해보면 다음과 같다.

우선 연구윤리와 교육윤리다. 이들은 학술 전문직(Academic Profession)으로서 교수가 가지는 책무의 두 가지 중심축으로 설명된다. 대학공동체 성원 가운데 교수는 연구와 교육의 가장 핵심적인 주체다. 따라서 연구의 자유와 연구의 수월성 제고, 연구진실성과 사회적 책임, 책임 있는 연구수행 등이 연구윤리의 주요 주제라고 할 때, 강의 및 교수활동, 교육활동 개선을 위한 노력, 학생 지도 및 관리 등이 교육윤리의 주요 주제로 설정될 것이다. 이 장에서 초점을 맞추고 있는 부문이 바로 교수(Teaching) 측면에서 바라본 교육윤리다.

두 번째는 연구윤리와 학습윤리다. 학습윤리를 연구윤리와의 비교선상에 놓는다는 것은, 학습윤리를 연구윤리의 확장 개념으로 간주한다는 맥락이다. 특히 이것은 미래 연구자로 상정할 수 있는 학부생의 측면에서 보면 명확해진다. 따라서 학부생을 대상으로 한 연구윤리교육은 학습윤리가 그 중심이 될 것이다. 학생들의 학습부정행위(Learning Misconduct)는 이미 도를 넘어서 하나의 관행으로 자리잡은 현실을 감안한다면, 학습의 전 과정(발표, 토론, 팀 프로젝트, 실험 및 실습, 과제, 시험 등)에서 발생가능한 비윤리적 행위를 근절하고 바람직한 학습문화 정착을 위한 원칙과 방법을 가르치는 것이 학습윤리, 즉 학부생을 위한 연구윤리교육의 주요 목표가 되어야 할 것이다.

세 번째는 교육윤리와 학습윤리다. 가르침(교수, Teaching)과 배움(학습, Learning)이라는 교육적 상호작용의 측면에서 본다면 학습윤리는 연구윤리보다 교육윤리와 더 밀접한 관련을 갖는 것으로 보인다. 그러나 이것은 교육윤리의 외연 설정을 어떻게 하느냐에 달려 있다. 즉 교육윤리를 첫 번째 측면에서 고찰한 교수윤리의 한 축으로 이해하는 것이 아니라, 넓은 의미에서 연구윤리와의 대립적 구도에서 고찰하는 것이다. 연구윤리지침의 적용대상이 교수뿐만 아니라 연구원, 대학원생이듯이, 교육윤리지침의 적용대상 역시 교수와 학생을 모두 포괄할 수 있다는 의미다. 이러한 경우에는 좁은 의미에서의 교육윤리(Teaching Ethics)가 아닌 넓은 의미의 교육윤리(Education Ethics)가 용어상 적합할 것이다.

(2) 바람직한 교육 실천이란 무엇인가?

'바람직한 교육 실천'(Good Education Practice, GEP)이라는 개념은 '바람직한 연구 실천'(Good Research Practice, GRP)[11]이라는 연구

윤리의 핵심 개념과의 대응관계 속에서 고안된 것으로서, 학생들에게 바람직한 교육경험을 제공하기 위한 실천을 의미한다. 특히 이러한 개념들간에는 교육과 연구 부문을 가로지르는 세 가지의 중첩적 관계가 설정되어 있다.

우선 주목해야 할 것은 연구윤리의 강조점이 연구부정행위(Research Misconduct) 방지라는 소극적 차원을 넘어서 '책임 있는 연구 수행' 및 '바람직한 연구 실천'으로 확장되었다는 점이다. 교육윤리 역시 이러한 능동적이고 적극적인 관점에서 모색해야 한다. 지식, 능력, 소양, 문화를 전수하는 것이 '교육' 본연의 기능이라고 한다면, 이러한 교육의 기능을 최대한 구현하여 일종의 좋은 문화로 정착시켜야 할 것이다.

두 번째, 개인의 차원뿐만 아니라 공동체적 차원에서 접근할 수 있는 윤리다. 연구윤리의 목표가 일차적으로는 연구부정행위를 저지르지 않는 진실한 연구자의 육성에 있지만 궁극적으로는 신뢰받는 연구공동체 확립과 공공선의 창출에 있다는 점이다. 이러한 공동체적 관점은 교육에서도 적용가능하다. 교육을 '공유 책임'(shared responsibility)으로 간주하고, '동료교육문화'의 활성화를 통해 교육공동체를 확립해야 한다.

세 번째, 윤리문화 정착을 위한 제도화의 방법을 모색하는 것이다. 연구윤리 제도화는 연구윤리를 구현하는 중심축으로서, 효과적인 연구윤리 시스템을 조성하기 위한 전제조건이다. 마찬가지로 교육의 내실강화를 위해서 교수 개개인뿐만 아니라 제도적 실천의 관점에서 모색해야 한다. 교육자의 능력이 하나의 잠재적 가능성으로 머무는 것이 아니라 완벽하게 발휘하기 위해서는 제도적 뒷받침이 필수적이기 때문이다. 이와 같이 '바람직한 교육 실천'은 교수 개인의 교육적 헌신, 공동체적 협력, 제도적 뒷받침 속에서 구현되고 정착될 수 있는 개념이라 할 수 있다.[12]

4. 지식전수형 교육모델을 넘어서

학문은 학문활동의 결과로서의 지식체계일 뿐만 아니라 학문하는 활동 자체가 담고 있는 과정을 의미한다. 전통적 지식전수형 교육에서는 전자의 형태, 즉 교과목 지식(subject knowledge)에 역점을 두고 가르쳐왔지만, 이제 역량중심교육에서는 후자의 형태, 즉 학문하는 활동 자체가 가지는 창의적이고 비판적인 사유능력, 합리적 분석과 판단 능력을 함양하는 데 역점을 둔다고 볼 수 있다. 특히 후자는 교양교육에서 역점을 두고 있는 교육방향이기도 하고, 직업과 직종이 순식간에 사라지고 생겨나는 격변의 시대에 적응해 가기 위한 불가피한 대처방식이라 할 수 있다. 급변하는 사회 속에서 생겨나는 복잡한 과제를 해결할 수 있는 능력은 전공의 전문지식과는 다른 차원의 역량이 필요하기 때문이다.[13]

이러한 측면에서 학부교육에서 교양교육이 차지하는 비중과 중요성은 앞으로 더욱 중요해질 전망이다. 하지만 현실은 그렇지 않다. 여전히 많은 대학들이 해당 전공분야의 전문적 지식을 전달하는 전공 교육에 비중을 두고 있다. 여기에는 전공 전문성을 중시하는 기업의 채용 관행이 중요하게 작동한다. 기업의 미래 인재상(이념)은 교양교육이 지향하는 목적에 적합하지만, 실제 채용(현실)은 전공교육에 적합한 구조로 되어 있다는 점이다. 이념과 현실이 엄청난 간극을 보여주는 것이다.

그럼에도 불구하고 학부교육의 변화는 불가피해 보인다. 전공교육은 전공 전문성과 함께 다양한 핵심역량을 기르는 교과로 편성되어야 하며, 교양교육 역시 지나치게 실용성에 비중을 두거나, 전공교과의 수준을 낮추어 가르치는 개론 형태의 교과들을 재정비하여 역량중심 교과과정으로 재편해야 할 것이다. 한마디로 교양교육과 전공교육 모두 "교육을 바라보는 높은 수준의 관점 전환"이 필요한 시점인 것이다. 여기서 말하는 '전환'이란 방법적인 측면에서 교수자나 교재를 통해 사실적 정보를 획득하는 낮은 단계에서 학습자 스스로 지식을 통해 일련의 신념체계를 형성할 만큼 성숙한 단계로의 진입을 의미하고,[14] 내용적인 측면에서 특정 학문분야에 고착되고 종속되는 것을 넘어서 다양한 학문 분야를 가로지르는 횡단적, 융합적 교육과정으로의 전환을 의미한다.

그렇다면 교육을 바라보는 높은 수준의 관점을 획득하기 위해서 교양교육과 전공교육은 어떤 방향을 모색해야 하는가? 아마도 교양교육과 전공교육을 양분하는 태도를 지양하고, 양쪽을 통합적으로 연결할 수 있는 방향정립이 필요할 것이다. 이런 측면에서 융합적, 자율적 학습경험이 중요시되는 시대에 바람직한 교육실천의 방향을 모색하여 이를 기반으로 학부교육의 공통분모를 확보하는 일은 전략적으로 매우 중요한 과제다. 한마디로 바람직한 교육실천은 전공과 교양의 이분법을 지양하고, 상호 유기적 관계 속에서 학부생에게 가장 필요한 교육경험을 제공하는 데 그 목적을 둔다. 구체적인 실천 방향을 요약하면 다음과 같다.

첫 번째, 이상과 현실의 간극을 좁히는 노력으로서의 과정중심의 교육을 지향해야 한다. 앞에서 살펴보았듯이, 독일어 빌둥(bildung)은 '교양'으로 번역되는 단어로 독일의 교육철학을 대변하는 핵심단어다. 애초부터 완벽한 인간이란 존재하지 않는다고 한다면, 인간은 진정한 자기실현을 위해 이상적 존재로서의 나와 현실의 나 사이의 간극을 좁혀가는 존재다. 마치 예술가의 영감과 노력을 통해 대리석 원석이 예술작품으로 만들어지듯이, 정형화되지 않은 가능적 형태의 인간은 부단한 노력을 통해 자기 자신을 형성해나간다. 빌둥의 핵심은 바로 형성해가는 과정에 있다. 따라서 교양이든 전공이든 학습결과보다 더 중요한 것은 이상과 현실의 간극을 좁히는 과정이다. 요즘 학부교육에서 의욕적으로 시도하고 있는 문제기반학습(PBL)의 핵심도 자신이 가진 능력을 발휘하여 당위의 문제와 현실의 문제 사이의 '간극'을 좁히는 노력의 일환이라는 점에서 빌둥의 이념을 구체화한 과정중심의 교과목이라 할 수 있다. 가다머(H.-G. Gadamer)에 따르면, 인간의 경험은 본질적으로 부정적 성격을 지닌다. 경험은 전형적인 현상의 반복으로 축적되는 것이 아니라, 애초에 전형적이라고 간주되던 사태가 그 전형성을 박탈당하는 방식으로 형성된다. 즉 경험을 한다는 것은 규칙성에 대한 기대 속에서 불규칙성에 마주치는 것이고, 예측가능성을 기대하는 가운데 예측하지 못한 것을 대면하는 것이다. 이러한 경험의 부정적 측면은 생산적 의미를 지닌다. 경험의 궁극적인 목적은 기존의 보편성에 대한 재확인이 아니라 지금까지 단편적으로만 알고 있던 사물을 제대로 파악할 수 있게 된다는 것이다. 즉 경험은 변증법적 성격을 지닌다.[15] 따라서 경험이 있다는 것은 특정한 사안에 대한 사전 지식을 갖고 있다는 것이 아니라, 예기치 않은 것에 대해 어떻게 행위하는지를 안다는 것, 요즘 용어로 문제 해결능력을 갖추었다는 의미일 것이다.[16] 가다머는 다음과 같이 말한다.

경험이라는 것은 대개는 고통스럽고 불쾌한 경험이다. 그렇다고 해서 경험이라는 것을 특별히 비관적으로만 보자는 것이 아니라 경험의 본질 자체가 그렇다는 말이다. 일찍이 베이컨이 간파했듯이 사람들은 부정적 경험을 통해서만 새로운 경험으로 나아갈 수 있다. 경험이라는 이름에 부합하는 모든 경험은 우리의 기대를 배반한다. 그렇기 때문에 인간을 구성하는 본질적 계기인 인간의 역사적 존재는 원칙적으로 부정의 계기를 내포하며, 그 부정성은 경험과 통찰 사이의 본질적 연관성으로 그 모습을 드러낸다. (…) 경험이라는 것은 결국 인간 유한성에 대한 경험이다. 인간의 유한성을 자각한 사람, 인간은 결코 시간의 주인이 될 수 없고 미래의 주인이 될 수 없음을 아는 자만이 본래적 의미에서 경험을 통해 깨우침에 도달한 사람이다. 따라서 경험을 통해 깨우침에 도달한 자는 예측의 한계를 알고 모든 계획의 불확실성을 아는 사람이다. 경험의 진리치는 바로 그러한 통찰에 도달한 사람에게서 온전히 구현된다.[17]

가다머가 강조하듯이, 경험이 많은 사람은 기계적 사고와 행위를 거부하는 사람이고 부단히 새로운 경험을 통해 배울 수 있는 능력을 갖춘 사람이다. 결국 과정중심의 교육은 바로 이러한 경험을 형성하는 장(場)이어야 한다. 특징적인 점은 과정중심의 교육의 강점인 주도적 학습과 창의적 발상은 교양과 전공을 막론하고 범교과적인 형태로 전개될 수 있다는 점이다. 문제는 평가방식의 전환이다. 사실적 지식에 대한 암기 여부를 묻는다거나 정답 지향형의 평가방식을 가급적 지양하고 학습과정에서 협업능력과 문제해결능력을 충분히 반영할 수 있는 과정중심의 평가로 대체될 필요성이 있다. 과정 그 자체가 곧 중요한 성과로 인정될 때만이 '능력의 조화로운 발전'이라는 빌둥의 취지가 구현될 수 있기 때문이다.

두 번째, 실천(practice)의 진정한 의미를 회복함으로써 전공과 교양의 공통분모를 확보해야 한다. 원래 프랙티스의 어원인 그리스어 프락시스(praxis)는 "행동이나 지식의 규칙적 적용이 아니라 전적으로 자연적, 사회적 환경 안에 처해 있는 근원적인 상황성을 전제함으로써, 삶의 전 영역에서 마주치는 여러 가능성 가운데 선택하고 결정하는 것"이라는 의미를 담고 있다.[18] 한마디로 '상황'

과 '선택'이 실천의 의미를 구성하는 핵심어인 것이다. 아리스토텔레스의 학문 분류에 명시되어 있듯이, 실천적인 학문(philosophie practica)은 수학, 물리학과 같은 이론적 학문이 아니고, 일의 과정을 전반적으로 장악하고 있다는 의미에서 기술적 지식, 즉 제작학도 아닌 정치학, 윤리학과 같은 인간적인 좋음[善]을 도모하는 학문이다. 또한 실천적인 학문은 교수자와 학습자에게 정형화된 각본 없이 말 그대로 실천적 관계를 요구하는 것이 특징이다. 기계적 적용이 불가능한 삶의 전 영역에서 최선의 선택을 하기 위한 실천적 지혜(phronesis)를 습득하는 영역에 속하는 것이다. 이러한 측면에서 학부교육은 진정한 실천의 의미를 복원하는 장이 되어야한다. 무엇보다 교양교육과 전문 직업교육 간의 균형을 모색하는데 실천은 중요한 의미를 갖는다. 이것은 전문직 지식(professional knowledge)과 깊은 관련이 있다. 흔히 전문직 지식은 전문직 입문을 위한 이론적 지식과 전문직 실천(실무)에서 발휘되는 경험적 지식으로 구성되어 있다고 할 수 있으며, 후자의 지식유형은 상당한 정도의 경험과 숙고된 판단이 필수적으로 요청된다. 기술지로서의 테크네(techne)가 아니라 실천적 지혜가 부각되는 것은 이 때문이다. 실천적 지혜는 기계적 판단이 불가능한 상황에서 내리는 최선의 판단과 의사결정능력을 의미한다. 일례로 전문직으로서의 의사의 지식은 숙련공의 지식과는 다르다. 의학적 지식을 기계적으로 적용하는 테크니션이 아니라 특별한 상황에 놓인 환자의 요구를 민감하게 알아차릴 수 있는 능력과 적절한 방식으로 그 요구에 대응할 수 있는 실천적 능력을 지녀야 하기 때문이다.[19] 가다머는 다음과 같이 말한다.

의사의 지식은 원칙적으로 숙련공의 지식괴는 다르다. 숙련공의 기술은 문외한의 비판에 대해 자신의 능력을 쉽게 방어할 수 있다. 숙련공의 지식이나 노하우는 하는 일의 성공을 통해 확증된다. 더욱이 숙련공은 순서에 따라 작업하며 표준에 따라 일을 마치면 된다. 작업의 순서가 분명하면, 숙련공은 무제한적인 힘을 갖는다. (…) 이와는 대조적으로 의사에게는 증명해 보일 만한 '작품'이 없다. 환자의 건강은 이런 식으로 말할 수 있는 것이 아니다. 건강은 의사가 하는 활동의 목표이긴 하지만, 의사가 '만드는' 것은 아니다. 여기에는 또 다른 것이 연관되어 있다. 건강이라는 목표는 의술 안에서 명확하게 정의할 수 있는 것이 아니다. 질병은 사회적인 것이기 때문이다. 질병은 자연과학 안에서 규정될 수 있는 사실이라기보다는 심리적, 도덕적 사태다.[20]

"인간의 기술적인 능력이 가진 한계를 인식할 수 있게 해주는 것은 바로 의사들의 작업"[21]이라고 말하는 가다머는 의학은 만들거나 생산하는 것이 아니라 질병의 회복에 동참하는 것이라고 생각한다. 질병을 정복한다는 것은 그 경과를 알고 통제할 수 있다는 것을 의미하는 것이지, 그 질병을 제거할 수 있을 만큼 '자연'의 정복자가 된다는 것을 의미하는 것은 아니라는 것이다.[22] 의학이 단순한 '기술'의 차원을 넘어서 논의되어야 하는 것도 이 때문일 것이다. 기술과 정보가 효율성과 생산성 확대라는 미명 아래 우리의 변화를 재촉하고 있지만, 정작 우리 자신의 합리적 사고는 더욱더 제한받고 있다. 오늘날의 의사들에게 기계적으로 습득해서 적용하는 기술적 지식(테크네)이 아니라 끊임없는 자기화와 해석의 과정을 거치는 판단형식, 즉 고도의 지적 감수성과 창의적 사고가 중요한 것은 이 때문이다. 이런 측면에서 학부교육 역시 단순 암기형 지식보다는 지식을 통해 적실한 선택을 도모할 수 있는 능력, 상황에서 가장 적절하게 지식을 활용할 수 있는 능력을 기르는 실천중심의 교육을 지향해야 한다. 실천의 의미를 제대로 복원되어야만 '교화된 전문직'(educated profession)의 이념이 구현될 수 있다.

세 번째, 암묵적 지식의 발현을 통해 교육의 내재적 가치를 확보해야 한다. 주지하다시피, 폴라니(M. Polanyi)는 지식에서 '언어로 표현 불가능한' 실천적이고 암묵적인 측면을 강조한 바 있다. 지식전수형 교육의 한계를 극복하기 위한 하나의 방편으로서 교육현장에서 암묵적 지식의 형성은 매우 중요해 보인다. 폴라니의 '암묵적 지식'(tacit knowledge)은 증명의 대상으로 판단되지 않아 언어화되지 않은 비분절적 지식을 말한다.[23] 마치 자전거를 제대로 타기 위한 전제로서 앞바퀴와 뒷바퀴의 평형유지 방법을 절차적으로 설명할 수 있는 것이 '명시적 지식'(explicit knowledge)이라면, 말로 표현하기 어렵지만 실제 자전거를 탈 때 평형을 유지할 수 있는 능력은 암묵적 지식이다. 무엇보다 암묵적 지식의 형성과정에서 학생들이 발휘하는 학문적 호기심과 정열은 도구적 가치에 의해 가려진 교육의 '내재적 가치'의 중요성을 부각시킨다.[24] 지식 습득을 높은 학점과 취업으로 보상받아야 할 어떤 도구가 아니라 그 자체가 좋아 몰두함으로써 성취감과 보람을 느낀다면, 그 행위는 당연히 내재적 가치를 구현한 것이다. 이러한 내재적 가치는 폴라니의 표현을 빌리면 흔히 창조적 과학자들에게서 나타나는 '발견적 열정'(heuristic passion)과 그 새로운 발견을 타인에게 공유하고자 하는 '설득적 열정'(persuasive passion)의 발현으로 이어진다.[25] 폴라니는 다음과 같이 말한다.

> 발견적 열정은 과학적 가치에 대한 우리의 가치평가와 탐구의 안내자로 기능하는 실재에 대한 입장을 연결시켜 준다. 발견적 열정은 독창력의 주요 원천이다. 그 힘은 우리로 하여금 공인된 해석의 틀을 버리도록 충동질하며, 우리 스스로 논리적 간극을 넘어서서 새로운 해석틀을 사용하게 한다. 마침내 발견적 열정은 모든 기본적 논쟁의 주요 원천인 설득적 열정으로 이어진다.[26]

발견적 열정은 창의적으로 문제를 바라보고, 세계를 바라보는 해석의 틀을 변화시켜 이미 알려진 절차와는 전혀 다른 차원으로 문제를 해결하도록 이끈다. 문제해결자는 새로운 시선에서 포착한 해결책을 개인적으로 소유하지 않고 타인과 공유하고자 하는 '설득적 열정'을 지니게 되고 어떤 보상이나 대가 없이 그 방책을 공유한다. 이러한 열정은 수업 현장을 가르치고 배우면서 함께 성장하는 교학상장(敎學相長)의 터전으로 만들고, 무엇보다 교육의 내재적 가치를 일깨운다.

네 번째, 학생 스스로 탐구적 환경을 조성해나가는 자기설계 교과목의 중요성이다. 학부교육의 궁극적 목적은 학생들의 배움의 독립성을 일깨워주고, 자기 장래에 대한 책임감 있는 결정에 참여하게 하는 것이다.[27] 이런 측면에서 학생의 특성과 교육내용의 역동적 관계를 반영한 자기설계 교과목은 상당한 의미를 지닌다. 자기설계교과목을 수강한 학생의 사례는 그들에게 자기주도적인 학문적 경험의 확장이 왜 중요한지를 잘 보여준다.

> 본 교과목을 통해 진정한 '도전'의 의미를 깨닫게 되었다. 대학생활 내내 안전한 길만 추구하였고, 검증을 통해 실패할 확률이 낮은 것만을 선택했던 나에게 본 교과목을 수강한 것 자체가 엄청난 '도전'이었다. 그리고 중요한 것은 도전을 통해 얻은 결과보다 그 과정이라는 점을 알게 되었다. 나는 (……) 강의실이 아닌 현장에서만 얻을 수 있는 새로운 경험들과 지식, 시간관리의 중요성, 합리적 설득과 소통능력의 중요성, 성과와 관계 사이의 균형 등 많은 배움을 얻게 되었다. 또한 이 도전과제를 통해 서로 다른 전공을 가진 팀원들과 함께 하면서 사고의 폭을 넓힐 수 있게 되었다.[28]

위 제시문은 학부교육에서 학생들에게 새로운 학문적 경험을 제공하는 것이 얼마나 중요한지 일깨워준다. 무엇보다도 학생들은 팀기반 프로젝트형 수업에서 단순한 업무분장이나 개인의 탁월성만으로는 과제를 제대로 달성할 수 없다는 점을 인식하고, 팀원들과의 바람직한 관계를 전제로 성과 달성을 위해 노력했다고 말하고 있다. 이는 사회인들에게도 가장 힘든 성과와 관계의 균형을 이루어내었다는 점에서 높이 평가할 만하다. 결국 자기설계교과목의 핵심은 학생들 스스로 고군분투하는 과정을 통해 대학과 사회에서 자신의 가치와 의미를 발견하여 세상을 적극적으로 살아갈 수 있는 힘을 비축하는 것이다. 가다머가 적절하게 지적하듯이, "교육에서 결정적인 것은 궁극적으로 성장하는 세대로 하여금 자기 활동성을 통하여 자기가 지니고 있는 결함을 극복할 수 있도록 능력을 길러주는 일"이다.[29] 교육은 결국 자기교육이 핵심인 것이다.

지금까지 살펴본 바람직한 교육실천을 위한 방향은 실제로 자유교육(liberal education)에서 강력하게 제시하는 방향이기도 하다. 자유교육이야말로 학문의 기초를 연마하는 과정에서 비판적 사고와 판단력, 융복합적 사유능력 등을 형성하고, 개인과 공동체의 맥락에서 최선의 선택을 도모하는 과정에서 실천적 지혜를 함양함으로써 대학 교육의 내재적 가치를 경험할 수 있기 때문이다. 이 같은 자유교육의 방향은 직무역량강화를 위한 전공교육에도 큰 효과를 발휘한다는 점에서 교양과 전공을 막론하고 공통적으로 적용할 수 있는 교육방향을 제시한다. 일례로 문제기반학습(PBL), 자기설계학습(Seif-Designed Learning), 액션러닝, 서비스러닝 등은 유연한 사고를 기반으로 교차와 협력을 통해 지식의 확장과 실천을 도모한다는 측면에서 좋은 방법론적 예시가 될 것이다. 단 이러한 학문적 경험을 통해 확보될 수 있는 역량들은 단기간에 완성되기 어렵기 때문에 좀더 장기적인 관점에서 학습성과를 면밀하게 분석하고 개선 방향을 도출할 필요가 있을 것이다.

5. 바람직한 교육문화 정착을 위하여

대학교육의 패러다임이 변하고 있다. '대학과 사회'의 경계가 불분명해지고 있는 지금, 사회는 대학이 창의성과 리더십을 갖춘 인재를 양성해줄 것을 강력히 요청하고 있다. 대학 내부에서도 일방적인 지식전달의 모형을 근간으로 하는 기존 교육패턴으로는 이러한 사회적 요청에 능동적으로 대처할 수 없다는 위기의식이 강하게 형성되고 있다. 이러한 맥락에서 미래지향적이고 창의적인 인재를 양성하기 위한 외국선진대학의 교육개혁은 우리에게 시사하는 바가 크다. 선진외국대학이 교육혁신 방향은 특정 학문분야의 일회적 지식전달보다는 특정 주제에 대한 광범위한 논점과 문제의식을 평생 동안 이어나갈 수 있도록 하는 데 초점이 맞추어져 있다. 이러한 교육개혁의 관점은 학부교육을 단순한 직업준비를 위한 지식습득의 과정이 아니라, 철저하게 지식을 창의적, 비판적으로 습득하는 '방법'이나 '과정'을 탐색하고, 평생 요청되는 자기형성능력의 힘을 주도적으로 기르는 과정에 역점을 두는 것이다. 나아가 "오늘날의 가장 성공적인 조직은 효과적인 '학습조직'(learning organization)이 되려고 열심히 노력하고 있다. 이 조직은 끊임없이 자신들의 업적을 평가하고 문제점을 밝혀내고 다양한 개선책을 시도하며 성공요인을 살펴보고 효과가 없는 것은 폐기하고 효과가 있는 것은 구체화힘으로써 계속 발전중에 있다"[30]는 데렉 보크(D. Bok)의 언급은 교육력 강화가 대학경쟁력의 핵심이 될 것이라는 믿음을 확신시키고 있다. 이제 우리 대학 역시 교육역량 확보를 위한 구체적인 실천을 도모할 때다. 그렇다면 바람직한 교육문화 정착을 위해 무엇부터 시작할 것인가?

첫 번째, 교육에서 가장 핵심적인 주체인 교수의 적극적인 역할을 요청하는 것이다. 창의적 지식의 가치가 부각되는 첨단 지식정보화 사회에서 전통적인 지식전달자로서의 교수의 역할과 방식은 빠른 속도로 축소되고 있다. 또한 과학기술의 발전 속도가 폭발적으로 빨라지면서 지식과 정보의 수명 또한 점점 단축되는 요즈음, 중요한 것은 변화 속에서도 빛을 발할 수 있는 기초적인 지식과 배움의 틀이며, 따라서 특정 기간에 배움의 완성에 주력하기보다는 배움에 대한 지속적인 동기부여를 구현하는 것이다. 이처럼 교육의 패러다임이 급격하게 바뀌고 있는 상황에서 교수의 역할은 중요하다. 교육이란 학생들 스스로 배움의 무대를 만들 수 있는 환경을 조성하는 것이다. 따라서 교수는 학생과 함께 문제의 해결책을 찾아가는 또 다른 '학생'이 되어야 한다. 무엇보다 시대변화를 주도하는 교수자, 교육에 열정을 가진 헌신적인 교육자가 학문공동체 안에서 존중받을 수 있는 문화가 조성될 때만이 교육의 질 향상이 자연스럽게 이루어질 수 있다.

두 번째, 교수간의 유기적 협력, 즉 '동료교육문화'(Collegial Teaching Culture)를 활성화하는 것이다. 교육은 어떤 개인의 탁월성으로 이루어지는 고립된 행위가 아니다. "연구 분야의 탁월한 성과를 낸 솔리스트들이 합주에서도 항상 화음을 만들어내는 것은 아니다"[31]라는 말은 교육의 공동체성을 강조하는 우회적이지만 설득력 있는 표현이다. 교수사회의 신뢰와 우정은 '교육'이라는 공간에서 일구어내야 한다. 그것이 학문적 역량에 대한 교수사회의 공정하고 건강한 경쟁을 침식하는 온정주의로 전락해서는 안 된다. 또한 교수가 갖는 진정한 학문적 자유는 연구에서만이 아니라 교육과의 깊은 연계성 속에서 확보되어야 한다. '가르치고 배우는 것'으로서의 교육은, 그래서 가르침의 열정과 깨달음의 희열이 교차하는 교육은 대학이라는 공간에서 이루어지는 가장 고귀한 행위이기 때문이다. 화이트헤드(A. N. Whitehead)는 힘주어 말한다. "교육이란 인생의 모험에 대비한 훈련이다. 연구란 지성의 모험(intellectual adventure)이다. 그리고 대학이란 젊은이와 늙은이가 그 모험을 공동으로 분담하는 가정이다."[32] 교육은 학문공동체의 시민인 교수와 학생이 함께 일구어나가는 공적 행위다. 이제 "왜 가르치면서, 연구해야 하는가? 하는 물음은 교수 개인의 차원이 아닌 공적인 영역에서 제기되는 물음이어야 한다.

세 번째, 교육의 수월성 강화를 위한 실효성 있는 '교육윤리지침'을 제정하는 것이다. 연구중심문화에서 자칫 소외될 수 있는 교

육과 학습에 대한 책임을 명시하여 바람직한 교육실천을 위한 적극적인 기준을 제시하는 것이 필요하다.[33]

"비록 육체적으로는 여전히 무리를 이루고 있지만, 각자 자기만의 쾌락이나 변덕을 따름으로써 둘 사이에서도 합의를 이루지 못하는, 영혼과 의지의 깊은 고독 속에 마치 야수처럼 살아간다."[34] 비코(G. Vico)가 지적하는 '성찰의 야만주의'(the barbarism of reflection)는 현재 대학을 지배하고 있는 교육적 상황에 대한 예리한 비판으로 볼 수 있다. 대화와 소통을 외면한 채 저마다 자기만의 고립된 세계 속에서 교육자적 사명과 헌신을 이야기하기에는 시대가 바뀌어도 한참 바뀌었다. 교육은 결코 교수자 개인의 독립적인 활동이 아니다. 이런 측면에서 '교육적 고독'(pedagogical solitude)을 극복하는 것은 중요한 현안문제다. 교육의 수월성 확보를 위한 방책이 교수자 개인의 관점보다는 학문공동체의 관점에서, 제도적 실천(institutional practice)의 관점에서 모색하는 이유가 여기에 있을 것이다.

니체(F. Nietzsche)는 교육을 재배와 사육의 행위가 아니라 해방의 행위로 간주한 바 있다. 결국 교육자는 해방자인 것이다.[35] 새로운 발상, 자유로운 상상, 자율적 판단과 행위를 심어주기 위해 해방자로서의 교육자는 무엇을, 어떻게 가르칠 것인가? '파괴적 혁신'(disruptive innovation)으로 특징지어지는 4차 산업혁명이 어떤 변화를 몰고 올지 어느 누구도 정확하게 예측하기 어려울 것이다. 다만 확실한 것은 기술적 전문성과 비기술적 통찰력을 함께 갖추어 서로 다른 세계를 자유롭게 넘나들 수 있는 사람만이 인정받게 될 것이라는 점이다. 교수자는 바로 이러한 역량을 균형감 있게 길러주는 촉진자(Facilitator)가 되어야 할 것이다.

에필로그

성찰을 넘어 실천으로

> "기술문명의 과도한 발전과정에서
> 공동체적 삶의 안정적이고 불변적인 요소를 보는 안목이 없어졌다면,
> 이제 우리는 새롭게 시작되는 인간성의 연대의식을 가지고
> 우리 스스로를 인류라는 차원에서 보아야 한다.
> 나는 미래에 우리 인간 사회에 도입될 연대성의 재발견을 믿는다."
>
> ― 가다머(H.-G. Gadamer), 「실천이란 무엇인가?」 중에서

라틴어 인터레그눔(interregnum). 최고 권력의 공백기를 의미하는 단어다. 기존의 통치자가 물러났으나 아직 새로운 통치자가 즉위하기 전의 권력의 공백상태를 뜻한다. 이 단어를 유비적으로 이해한다면, 4차 산업혁명의 급진적 변화를 목전에 둔 지금이 바로 인터레그눔의 시기가 아닌가 생각한다. 이러한 공백의 시기에 신생 기술들은 인간을 더 이상 정신과 신체의 결합으로 정의내릴 필요가 없는 포스트휴먼 시대를 전면적으로 예고하고 있다. 모라벡(H. Moravec)이 상정했던 후기 생물사회(Postbiological society)가 현실화되어 인류의 정신적 자산을 소프트웨어의 형태로 물려받은 로봇, 이른바 '마음의 아이들'이 미래의 주역으로 부상할 가능성이 농

후하기 때문이다. 흔히 4차 산업혁명의 시대는 자동화(automation) 와 연결성(connectivity)의 극대화 그리고 파괴적 혁신(disruptive innovation)으로 특징지어진다. 한마디로 4차 산업혁명은 근본적으로 인간의 역할을 최소화하는 사회구조를 지향하고 있는 것이다. 다니엘 벨(D. Bell)이 후기산업사회의 주역으로 꼽았던 전문직 역시 이러한 변화를 피할 수 없을 것이다. 전통적 테일러리즘(Taylorism) 이 노동자의 지식과 숙련기술을 분리, 제거하여 노동자의 행위양식을 통제하는 관리체계라고 한다면, 인공지능 시대의 테일러리즘은 전문직의 지식과 숙련기술의 많은 부분을 인공지능이 대체하게 함으로써 극소수의 전문직만이 자신의 전문성을 인정받게 만드는 체계이기 때문이다. 결국 테크놀로지의 비약적 발전은 우리에게 극도의 불안감을 안겨다주는 동시에 사회 전반에 허무주의적 삶의 태도를 확산시킬 위험이 농후하다.

그렇다면 이러한 불안과 허무주의적 태도를 어떻게 극복할 것인가? 셸러(M. Scheler)는 다음과 같이 말한 바 있다. "어떤 시대도 오늘날만큼 인간에 관해 그토록 다양하고 많은 것을 파악한 바 없었다. 어떤 시대도 오늘날만큼 인간에 관한 당대의 지식을 그토록 인상적이고도 매력적인 방식으로 서술한 바 없었다. 그러나 오늘날처럼 인간에 대해 무지한 때도 없었고 오늘날처럼 인간이 문젯거리가 된 적도 없었다." 20세기 초반에 활동했던, 그래서 지금의 현란한 첨단 과학기술을 목격하지 못했던 그였지만, 오히려 지금의 과학기술과 인간의 관계에 대한 설득력 있는 통찰력을 보여주고 있다. 셸러의 언급대로 현대사회는 인간에 대한 실증적 지식의 '풍요'와 참된 가치의 '빈곤'이라는 역설적 상황에 직면해 있다. 이러한 문제의식을 가지고 기술과 인간의 문제를 바라본다면 아마도 다음과 같은 질문을 제기할 수 있을 것이다. "인간은 기술을 완벽하게 통제할 수 있는가?" "인간이 기술을 만드는 것인가, 기술이 인간을 만드는 것인가?" "인간은 기술을 통해 진정한 인간이 되어가고 있는가?" "과학기술이 지향하는 미래사회는 어떤 방향이어야 하는가?" "테크놀로지의 압도적 영향력 가운데서도 여전히 존재하는 인간 이해의 불충분성의 공백을 어디서 확보할 것인가?" 혁신적 기술과 인간 가치의 균형적 접점을 마련하기 위해 깊은 성찰이 필요한 것은 바로 이 때문이다. 그러나 이러한 성찰은 여간 힘든 작업이 아니다. 전통적 휴머니즘과 포스트휴머니즘을 동시에 아우르며 인간 가치를 조명한다는 것은 마치 칠흑 같은 어둠 속에서 길을 찾는 것만큼이나 어려운 일이기 때문이다.

지금까지 고찰한 아리스토텔레스 윤리학은 변화에 대한 바람직한 삶의 방식을 제시한다는 측면에서 혼돈과 어둠 속에서 이정표 역할을 충분히 해줄 수 있다고 본다. 아리스토텔레스 윤리학은 우리에게 첨단과학기술의 단기적 성과에만 집착하여 성급하게 판단하지 말고, 그런 기술이 궁극적으로 어떤 유형의 인간과 사회를 만들어낼 것인지, 그런 유형의 인간과 사회가 과연 좋은 것인지 심사숙고하기를 요청한다. 과도한 낙관주의와 허무주의의 경계 사이에서 이른바 중용의 윤리가 요청되는 이유이기도 하다. 무엇보다 아리스토텔레스 윤리학은 공리주의적 유용성이 지배하는 현대사회에서 우리가 지녀야 할 책임감과 연대성을 강력하게 환기시키고 있다. 우리 모두가 타인과 결합되어 있다는 '공속성'은 기하급수적 변화의 시대(exponential age)를 살아가는 시민으로서 인간적 환경을 구축해나가는 데 가장 기본적인 전제다. 이런 측면에서 아리스토텔레스 윤리학의 핵심개념인 프로네시스(phronesis)와 프락시스(praxis)는 참된 공동체의 실현을 위해 우리가 도모해야 할 실천적 삶의 비전을 보여주고 있다. 가치 있는 삶을 위해 노력하고 더불어 잘 살 수 있는 세상을 모색하는 일은 인간 존재의 품격을 높이는 동시에 윤리적 존재(homo ethicus)로서 대체불가능한 고유성을 확보하는 길일 것이다.

주석

프롤로그: 왜 아리스토텔레스 윤리학인가

1 찰스 테일러, 『불안한 현대 사회: 자기 중심적인 현대 문화의 곤경과 이상』, 송영배 옮김(이학사, 2001), p. 21.

2 찰스 테일러(2001), pp. 10-13.

3 찰스 테일러(2001), pp. 14-18.

4 찰스 테일러(2001), pp. 19-21.

5 플라톤, 『국가 · 政體』, 박종현 역주(서광사, 2005), 343b-352d.

6 그리스어 praxis에 상응하는 영어 단어는 practice다. 영어사전을 찾아보면 프락시스의 원래 의미 "상황에 처해 있음"의 의미가 프랙티스에도 일부 담겨 있음을 볼 수 있다. 바로 전문직인 의사, 변호사의 업무를 지칭하는 경우다. 전문직의 일, 예를 들어 의사와 변호사의 업무라는 것이 기계적이고 반복적인 일이 아니라 상황대처능력, 문제해결능력이 그 중심을 이룬다는 것이다.

7 H.-G. Gadamer, "Bürger zweiten Welten," *Gesammelte Werke* 10(Tübingen: J.C.B. Mohr), p. 234. 이하 *GW*로 약칭

8 H.-G. Gadamer, "Theorie, Technik, Praxis," *GW* 4(Tübingen: J.C.B. Mohr), p. 245.

9 폴 테일러, 『윤리학의 기본원리』, 김영진 옮김(서광사, 2008), pp. 25-26.

10 이태수, 「덕과 좋음의 추구」, 『인간 · 환경 · 미래』 제5호(인제대학교 인간환경미래연구원, 2010), p. 29.

11 롤즈, 『정의론』, 황경식 옮김(이학사, 2003), p. 701.

12 Aristoteles, *Nicomachean Ethics*, 1105a28-1105b4. 이하 *NE*로 약칭. 번역은 아리스토텔레스, 『니코마코스 윤리학』, 이창우 · 김재홍 · 강상진 옮김(이제이북스, 2006)을 참조함. Aristoteles, *NE*, 1095b-1096a.

13 Aristoteles, *NE*, 1097a-1097b. 특히 아리스토텔레스가 자족성(autarkeia)을 언급하면서 인간은 폴리스적 동물이기에 자족성 역시 관계적 측면에서 바라

보아야 한다고 말하는 것은 특징적이다. 인간 행복의 터전으로서 폴리스는 아리스토텔레스 윤리학과 정치학의 기본전제라 할 수 있다.

14 Aristoteles, *NE*, 1097b-1098a. 여기서 말하는 즐거움(hedone)은 단순한 쾌락이 아니라 지적 즐거움이다. 아리스토텔레스는 인간에게서 이성에 부합하는 삶이 가장 좋고 즐거운 것이라고 강조한다. 『시학』에는 다음과 같은 흥미로운 언급이 있다. "모방한다는 것은 어렸을 적부터 인간 본성에 내재한 것으로, 인간이 다른 동물들과 다른 점도 인간이 가장 모방(mimesis)을 잘하며, 처음에는 모방에 의해 지식을 습득한다는 점에 있다. 또한 모든 인간은 날 때부터 모방된 것에 대해 쾌감을 느낀다. 이러한 사실은 경험이 증명하고 있다. (…) 무엇을 배운다는 것은 비단 철학자뿐 아니라 그 밖에 다른 사람들에게도 최상의 즐거움이기 때문이다." Aristoteles, 『수사학』, 천병희 옮김 (숲, 2017), 1448b.

15 Aristoteles, *NE*, 1099b.

16 Aristoteles, *NE*, 1100a-1101a.

17 앨런 액셀로드, 『위대한 결정: 역사를 바꾼 고뇌 속의 선택들』, 강봉재 옮김 (북스코프, 2006), pp. 9-18.

18 Aristoteles, *NE*, 1111b.

19 Aristoteles, *NE*, 1111b.

20 Aristoteles, *NE*, 1112a. 중요한 점은 합리적 선택이 임의의 대상에 대한 숙고적 욕구가 아니라, 우리에게 달려 있고 실현될 수 있는 것들과 관련된 것들에 대한 숙고라는 사실이다. 아리스토텔레스는 다음과 같은 예를 든다. 스파르타인들은 스키타인들의 통치 형태에 대해 숙고할 수 없다. 스키타인들의 통치 형태에 대해 스파르타인들은 인과적인 효력을 미치지 못하기 때문이다. 결국 합리적 선택은 행위자에게 놓인 구체적 상황과 독립적으로 설정되는 것은 불가능하며, 철저히 실천적 반경 아래서 작동한다. 아리스토텔레스가 윤리학이라는 학문 자체를 수학 수준의 엄밀성이 필요하지 않다고 생각하는 것은 결국 합리적 선택을 비롯한 윤리적 문제가 상황과 독립적인 연역적 체계로 구성될 수 없다는 이유 때문일 것이다.

21 Aristoteles, *NE*, 1139a.

22 Aristoteles, *NE*, 1139b.

23 오이디푸스의 영웅적 면모는 오이디푸스의 대사에 잘 묘사되어 있다. "가엾은 내 아들들이여, 그대들이 무엇을 원하여 찾아왔는지 내 이제야 알겠소. 그대들이 모두 고통 당하고 있음을 잘 알겠소. 하지만 그대들이 고통 당한다 하더라도 나만큼 고통 당하는 사람은 그대들 중에 아무도 없을 것이오. 그대들의 고통은 각각 당사자 한 사람에게만 영향을 주고, 다른 사람과는, 어느 누구와도 무관하기 때문이오. 하지만 내 마음은 도시와 나 자신과 그대들 모두를 위해 비탄하오. 그대들은 잠자고 있던 나를 깨웠던 것이 아니오. 그대들은 내가 하염없이 눈물을 흘리며, 수많은 생각의 길을 헤매고 있었음을 알아두시오. 내가 두루 살펴 찾을 수 있었던 유일한 대책을 이미 실천에 옮겼으니." 아이스퀼로스·소포클레스·에우리피데스, 『그리스 비극 걸작선』, 천병희 옮김(숲, 2010), pp. 71-72.

24 윌리엄 J. 프라이어, 『덕과 지식, 그리고 행복』, 오지은 옮김(서광사, 2010), p. 46. 특히 오뒷세우스의 영웅적 면모는 다음의 대사에 잘 묘사되어 있다. "그럼에도 나는 집에 돌아가서 귀향의 날을 보기를 날마다 원하고 바란다오. 설혹 신들 중에 어떤 분이 또다시 포도주빛 바다 위에서 나를 난파시킨다 해도 가슴속에 고통을 참는 마음이 있기에 나는 참을 것이오. 이미 파도와도 전쟁터에서도 많은 것을 겪고 많은 고생을 했소. 그러니 이들 고난에 이번 고난이 추가될 테면 되라지요." 호메로스, 『오뒷세이아』, 천병희 옮김(숲, 2015), p. 141.

25 소크라테스는 프로네시스란 개념에 특별한 의미를 부여하기보다는 당시의 통상적인 의미에서 '지혜'라는 뜻으로 사용했지만, 특별히 '지덕합일'(知德合一)이라는 자신의 사상적 맥락에서 '올바른 사려'(richtige Überlegung)를 동반하여 인간에게 유용함을 가져다주는 지식 혹은 덕의 형식으로 이해하고 있다(Joachim Ritter(Hrsg.), *Historische Wörterbuch der Philosophie*(Basel: Schwabe & Co., 1974), Band VII, p. 933의 프로네시스 항목 참조). 플라톤은 프로네시스를 '합리적으로 숙고할 수 있는 능력'으로 간주함으로써 도덕적 지식의 본성을 인식론적 지식의 개념과 동일하게 사용하고 있는데, 이 점은 그가 프로네시스를 이론적 지혜인 소피아(sophia)

와 동일한 맥락에서 사용하고 있는 데서 확인할 수 있다.

26 Aristoteles, *NE*, 1103a.

27 Aristoteles, *NE*, 1103a–1103b.

28 Aristoteles, *NE*, 1105a.

29 Aristoteles, *NE*, 1105a–1105b.

30 Aristoteles, *NE*, 1144b.

31 소크라테스는 덕과 지식을 동일선 상에 놓으면서, 선한 행위에 대한 보편적 원리가 구체적인 윤리적 상황에서의 행동지침을 위한 명확한 전제가 되어야 함을 역설하였다. 이러한 윤리적 견해는 도덕적 지식의 영구성과 불변성을 핵심으로 한다는 점에서 역사적 변화와 차이를 인정하지 않는다. 아리스토텔레스는 이러한 견해에 동의하지 않는다. 그가 기술하는 도덕적 지식은 역사적 맥락으로부터 분리되어 있지 않다. 도덕적 지식은 대상적 지식이 아니며, 도덕적 원리 자체에 대한 사변적 지식도 아니다. 윤리적 지식은 역사적 변천과정에서 구체적인 적용을 통해 빛을 발하는 지식이다. 정연재, 『윤리학과 해석학』(아카넷, 2008), p. 138 참조.

32 Aristoteles, *NE*, 1144b. 아리스토텔레스는 양자간의 관계를 다음과 같이 표현한다. "우리는 실천적 지혜와 성격적 탁월성을 따라 우리의 고유한 기능을 성취한다. 왜냐하면 덕은 바라보는 목표를 올바르게 만들어주고, 실천적 지혜는 이것을 위한 수단을 만들기 때문이다."

33 Aristoteles, *NE*, 1097b.

34 Aristoteles, *NE*, 1141b.

35 Aristoteles, *NE*, 1094a–1094b와 1179a 참조.

36 정연재(2008a), p. 135.

37 주지하다시피 플라톤의 동굴의 비유는 이론적 삶과 실천적 삶의 유기적 관계를 명시적으로 보여준다(플라톤(2005), 514a–516e 참조). 동굴 밖으로 올라감(Anabasis)은 상식적 세계관을 거부하고 참된 지식을 확보하기 위한 영혼의 전환과 상승을 의미하고, 참된 지식을 깨달은 죄수가 동료 죄수들을 동굴 밖으로 인도하기 위해 동 안으로 다시 내려감(katabasis)은 실천적 삶의 중요성을 의미한다.

제1부 트랜스휴머니즘과 아리스토텔레스 윤리학

1장 도덕성 향상과 덕의 윤리

1 이 장은 정연재(2014)를 취지에 맞게 수정, 보완한 것이다.

2 조엘 가로, 『급진적 진화』, 임지원 옮김(지식의 숲, 2007), p. 16.

3 트랜스휴머니즘과 포스트휴머니즘의 개념적 혼란은 우선 트랜스휴머니즘이 과학기술의 발전을 통해 현재 인간의 능력을 월등히 앞서는 인간 이후의 존재, 즉 포스트휴먼이라는 개념을 상정하면서 비롯된 것이다. 엄밀히 말하면 트랜스휴머니즘은 첨단 과학기술을 적극적으로 활용하여 현재 인간을 포스트휴먼으로 만드는 것이 바람직하다고 간주하는 사회운동을 말하며, 인간 주체성과 자유를 강조하는 근대 계몽주의 이념과 과학기술에 대한 낙관적 신념이 결합한 경우이다. 반면에 포스트휴머니즘은 접두사 포스트가 의미하는 이후(after-), 반대(anti-), 극복(trans-)를 모두 포괄하는 복합적 개념이다. 즉 포스트휴머니즘은 휴머니즘 이후에 등장한 사상으로, 인간 본성의 확정성과 전통적 인간 가치를 중시하는 휴머니즘을 반대하고, 극복하려는 다양한 사상을 총칭한다. 이런 측면에서 트랜스휴머니즘은 포스트휴머니즘과 동일하게 이해해서는 안 되며, 포스트휴머니즘이라는 다양한 사상 가운데 일부분으로 간주되어야 할 것이다. 트랜스휴머니즘과 포스트휴머니즘의 구별에 대해서는 다음의 책을 참조하면 좋을 것이다. 이종관, 『포스트휴먼이 온다: 인공지능과 인간의 미래에 대한 철학적 성찰』(사월의 책, 2017), pp. 32-34 참조.

4 Persson, I. & Savulescu, J., "Moral Transhumanism", *Journal of Medicine and Philosophy*(2010), pp. 12-13.

5 Persson, I. & Savulescu, J.(2010), p. 12.

6 Hughes, J., "Becoming a better person," Lecture at TransVision06, 2006.

7 Persson, I. & Savulescu, J.(2010), p. 12.

8 Jotterand, F., "'Virtue Engineering' and Moral Agency: Will Posthumans still need the Virtues?," *AJOB Neuroscience*(2011), p. 4.

9 Jotterand, F.(2011), p. 5.

10 Jotterand, F.(2011), p. 6.

11 Haidt, J., "The emotional dog and its rational tail: A social intuitionist approach to moral judgement," *Psychological Review* 108 (2001), p. 815.

12 도덕적 판단의 유형에 따른 명칭은 다음의 논문을 참조해서 사용했다. 김효은, 「도덕적 판단의 본성: 신경윤리학적 접근」, 『과학철학』 12-2(2009), p. 67 이하 참조.

13 Aristoteles, *NE*, 1105a-1105b.

14 Aristoteles, *NE*, 1104b. 이런 측면에서 탁월성(덕)을 감정(정념)으로부터의 해방(apatheia)으로 정의하는 것은 아리스토텔레스 입장에서는 잘못된 것이다.

15 Aristoteles, *NE*, 1102b. 아리스토텔레스는 자제력 있는 사람에게는 비이성적인 부분이 이성적인 원리에 의해 효과적으로 설득된다고 보고 있다.

16 아리스토텔레스, 『수사학』, 천병희 옮김(숲, 2017), p. 159.

17 아리스토텔레스(2017), p. 78.

18 아리스토텔레스에 따르면, 중용, 이성적 판단과 무관한 행위와 감정이 있다. 예를 들어 심술, 파렴치, 시기와 같은 감정들, 그리고 행위의 경우 간통, 절도, 살인과 같은 것들이 그런 것이다. Aristoteles, *NE*, 1107a.

19 Aristoteles, *NE*, 1139a.

20 Aristoteles, *NE*, 1139b.

21 Aristoteles, *NE*, 1112a. 1141b.

22 Aristoteles, *NE*, 1112b.

23 Aristoteles, *NE*, 1113a.

24 Jotterand, F.(2011), p. 7.

25 D. Gross, "Blessing or Curse? Neurocognitive Enhancement by 'Brain Engineering'," *Medicine Studies*(2009), pp. 384-385.

26 MacIntyre, A., "Does applied ethics rest on a mistake?," *Monist* 67 (1984), p. 498 이하 참조.

27 MacIntyre, A., 『덕의 종말』, 이진우 옮김(문예출판사, 1997), p. 19.

28 MacIntyre, A.(1997), pp. 49–58 참조.

29 MacIntyre, A.(1997), p. 93.

30 MacIntyre, A.(1997), p. 328.

31 MacIntyre, A.(1997), pp. 277–278.

32 MacIntyre, A., "Practical Rationalities as Forms of Social Structure," *The MacIntyre Reader*, ed. K. Knight, Cambridge(Polity Press, 1998), p. 121.

33 MacIntyre, A., *Whose justice? Whose rationality?*(Notre Dame: Univ. of Notre Dame Press, 1998), p. 334.

34 Jotterand, F.(2011), p. 7.

35 MacIntyre, A., "Plain persons and moral philosophy: Rules, virtues and goods," *The MacIntyre Reader*, ed. K. Knight(Cambridge: Polity Press, 1998), p. 140.

36 MacIntyre, A.(1998), p. 142.

37 Jotterand, F.(2011), p. 8 참조.

38 Jotterand, F.(2011), pp. 7–8.

39 MacIntyre, A.(1997), p. 302.

40 MacIntyre, A.(1997), p. 318 이하 참조.

41 MacIntyre, A.(1997), p. 320. 통일성 있는 삶을 사는 것은 저절로 주어지는 것이 아니라 철저하게 만들어 가는 것이다. 매킨타이어는 이러한 행위를 서사적 추구(narrative quest)로 부른바 있다.

42 MacIntyre, A.(1997), p. 321 이하 참조.

43 Gadiner, P., "A virtue ethics approach to moral dilemmas in medicine," *J. Med. Ethics* 29(2003), p. 300.

44 신경기술의 발전은 도덕 감정을 조절할 수 있는 가능성을 부여하지만, 행동의 도덕적 근거를 위한 중요한 내용을 생성시키지 못한다. 앞에서 살펴보았지만, 감정과 이성은 도덕적 행위능력에서 분리될 수 없는 요소를 구성한다. 특히 후자는 도덕적 딜레마 상황에서 특정한 행동적 반응에 대한 정당화 여부를 가늠하는 평가적 매커니즘을 제공한다. Jotterand, F.(2011), p. 8 참조.

45 Beauchamp, T. L. & Childress, J. F., *Principles of Biomedical Ethics*, Fourth Edition(Oxford: Oxford University Press, 1994), p. 463 이하 참조.

46 Jotterand, F.(2011), p. 8.

2장 과학기술시대의 자기실현적 행복

1 이 장은 정연재(2018a)를 취지에 맞게 수정, 보완한 것이다.

2 행복 개념의 개념적 혼란을 방지하는 방식으로 가장 유력한 제안은 행복 개념을 주관적 심리상태와 객관적 사태의 맥락으로 구분하는 방식일 것이다. 일례로 행복에 대한 연구를 주관적 측면에서 행복을 조명하는 쾌락주의 이론(hedonistic theories), 욕구충족이론(desire-satisfaction theories)과 객관적 측면에서 행복을 조명하는 객관적 목록 이론(objective list theories)으로 구분한다든지, 주관적 웰빙(subjective well-being)과 객관적 웰빙(objective well-being)로 구분하는 것은 이러한 기준에 따른 것이라 할 수 있다. 또 다른 방식은 행복 개념을 서술적 맥락과, 가치적 맥락으로 구분하는 것이다. 즉 내적 심리상태를 가리킬 때는 즐거움, 만족감으로, 가치평가적 개념으로 사용될 때는 효용성, 안녕, 번영, 잘 사는 것으로 구분하는 것이다. 편상범, 「아리스토텔레스 윤리학에서 행복, 욕구 만족, 그리고 합리성」, 『철학사상』, 제58호(서울대학교 철학사상연구소, 2015), p. 96과 오은영, 「아리스토텔레스와 흄의 행복개념 비교」, 『철학논집』, 제42집(서강대학교 철학연구소, 2015), pp. 138-140 참조. 많은 학자들이 명확한 기준과 그에 부합하는 용어를 설정하여 행복 개념의 애매성을 극복하고자 시도했지만, 그 어떤 시도도 논란을 종결지을 만큼 만족스럽지 못한 것이 사실이다. 이 장에서는 hedonia를 '쾌락적 행복'으로, eudaimonia를 '자기실현적 행복'으로 표기한다.

3 플라톤, 『필레보스』, 박종현 역주(서광사, 2004), 55a-c 참조.

4 이종환, 「플라톤 『필레보스』에서의 참된 즐거움과 좋은 삶」, 『철학사상』, 제58호(서울대학교 철학사상연구소, 2015), pp. 65-66 참조.

5 제러미 벤담, 『도덕과 입법의 원칙에 대한 서론』, 강준호 옮김(아카넷, 2013), p. 49.

6   벤담은 고통과 쾌락을 '흥미를 끄는 지각'(interesting perceptions)으로 규정
    하면서 더 이상 분해할 수 없는 단순 지각과 여러 단순지각으로 분해할 수 있
    는 복합지각으로 구분한다(벤담(2013), p. 102 이하 참조). 벤담의 고통과 쾌
    락에 대한 정의와 분류는 고통과 쾌락의 본질을 외적 대상의 객관적 속성으
    로 이해하는 외재주의(externalism)가 아니라 수관적이고 내밀한 경험으로
    이해하는 내재주의(internalism) 전통에 서 있다고 볼 수 있다. Tiberius V.,
    "Happiness," *The International Encyclopedia of Ethics*, LaFollette,
    H.(Ed.)(London: Blackwell Publishing Ltd., 2013), p. 2287 참조.

7   여기서 고찰할 쾌락적 행복은 현대적 의미의 쾌락주의에 더 부합한다고 볼
    수 있다. 주지하다시피 양자의 차이는 쾌락적 행복은 가치중립적 용어로, 주
    관적 경험(긍정적인 주관적 상태)을 기술하는 단어이고, 쾌락주의는 쾌락추
    구가 최고선(궁극적 선)이라는 입장으로 평가적 의미를 지닌다는 점에 있다.

8   Feldman, F., *Pleasure and the Good Life: Concerning the Nature,
    Varieties, and Plausibility of Hedonism*(Oxford: Oxford University
    Press, 2004), p. 56.

9   Summer, L. W., *Welfare, Happiness and Ethics* (Oxford: Oxford
    University Press, 1996), p. 145.

10 Waterman, A. S., "Reconsidering happiness: a eudaimonist's perspective,"
    The Journal of Positive Psychology, vol. 3(Routledge, 2008), p. 235 참
    조.

11 Aristoteles, *NE*, 1099b.

12 Aristoteles, *NE*, 1100b 참조.

13 Aristoteles, *NE*, 1101a 참조.

14 여기서 진정한 자아에 부합한다는 것은 한 인간이 진정으로 되고 싶은 것,
    할 만한 가치가 있는 것에 부합하는 방식으로 행동한다는 점에서 그렇다. 자
    기실현적 행복이야말로 한 인간의 성실한 삶의 과정에서 이루어지는 것이기
    에 행복한 삶의 주체는 진정한 자아로 간주될 수 있다고 볼 수 있다.

15 Waterman, A. S.(2008), p. 236.

16 Aristoteles, *NE*, 1098a.

17 다음의 언급에 주목하면 탁월성의 분류가 좀더 명확해질 것이다. "탁월성은
    올바른 이성에 따른(kata) 품성상태일 뿐만 아니라, 올바른 이성을 동반한
    (meta) 품성상태이기도 하기 때문이다. 또 이런 것들에 관련한 올바른 이성
    이란 실천적 지혜이다." Aristoteles, *NE*, 1144b. 성격적 탁월성이 지적 탁월
    성으로 환원되지 않는 이유는 전자는 올바른 이성을 동반할 분 올바른 이성
    과 동일시될 수 없기 때문이다.

18 Aristoteles, *NE*, 1097a−1097b.

19 Aristoteles, *NE*, 1177b.

20 편상범(2015), p. 112 참조.

21 아리스토텔레스가 에우다이모니아를 이성적 삶, 덕스러운 삶과 관련하여 정
    의내리면서 일종의 객관적 관점을 견지했지만, 에우다이모니아를 객관적 조
    건에 한정하지 않고 주관적 구성요소를 가지고 있다고 보는 학자도 있다. 대
    표적으로 편상범은 훌륭함(kalon)에 대한 욕구를 만족시키기기 위한 활동이
    행복으로 이어진다고 보면서, 욕구만족이란 주관적 조건은 아리스토텔레스
    가 보기에는 너무나 당연한, 굳이 강조할 필요조차 없는 행복의 주관적 측면
    이라는 점을 강조한다(편상범(2015), p. 98). 또 다른 측면에서 워터맨은 에
    우다이모니아를 주관적 경험의 집합으로서 매우 긍정적인 감정상태(positive
    affective condition)로 규정한다. Waterman, A. S.(2008), p. 236.

22 편상범(2015), p. 108.

23 아리스토텔레스가『니코마코스윤리학』제1권 6장에서 시도한 플라톤의 좋음
    의 이데아 비판은 그의 행복론과 밀접한 관련성을 갖는다. 좋음은 범주에 따
    라 여러 가지로 이야기될 수 있다는 그의 주장은 행복을 모든 좋은 것을 보
    편적으로 묶은 단일한 무엇으로 이해하지 않는다는 점을 보여준다.

24 Jotterrand, F., "'Virtue Engineering' and Moral Agency: Will Posthumans
    still need the Virtues?," *AJOB Neuroscience*(Taylor & Francis, 2011), p.
    4

25 Jotterrand, F.(2011), pp. 4−5 참조.

26 Athota, V. S., "The role of moral emotions in happiness," *The Journal
    of Happiness & Well-Being*, 1(2)(2013), pp. 116−117 참조.

27 Persson, I. & Savulescu, J., 『미래 사회를 위한 준비: 도덕적 생명 향상』, 추병완 옮김(하우, 2015), pp. 10-12.

28 Persson, I. & Savulescu, J.(2015), p. 13.

29 Persson, I. & Savulescu, J.(2015), p. 155. 더글러스 역시 이와 유사한 입장에 서 있다고 볼 수 있다. 그는 도덕적 향상(moral enhancement)을 생명의학적 개입을 통해 인간에게 더 좋은 도덕적 동기를 제공하는 것으로 규정한다. 이러한 개입을 통해 사람들은 반도덕적 정서를 약화시키고, 도덕적인 측면에서 더 나은 모티브를 갖게 됨으로써 바람직한 세상을 열어나가는 구성원으로서 자리매김될 수 있다고 본다. Douglas, T., "Moral Enhancement," *Journal of Applied Philosophy*, 25(2008), pp. 229-230.

30 Persson, I. & Savulescu, J.(2015), pp. 157-163.

31 Persson, I. & Savulescu, J.(2015), pp. 193-195 참조.

32 Walker, M., "Enhancing genetic virtue: A project for twenty-first century humanity?," *Politics and the Life Sciences*(2009), pp. 27-30.

33 워커는 이러한 유전적 측면에서 덕을 공학화하는 시도는 철학사에서 덕을 심어주는 데 있어 사회-정치적 영향력을 강조한 플라톤, 아리스토텔레스, 마르크스, 매킨타이어의 입장과 크게 다르지 않다는 점을 부각시킨다. 덕스러운 인간을 형성하는 데 생명공학기술을 사용하는 것이 도덕적으로 문제가 없으며, 따라서 허용가능하다는 점을 우회적으로 강조하기 위함이다. Walker, M.(2009), pp. 43-44 참조.

34 로버트 노직, 『아나키에서 유토피아로』, 남경희 옮김(문학과 지성사, 1997), pp. 69-70.

35 로버트 노직, 『무엇이 가치 있는 삶인가: 소크라테스의 마지막 질문』, 김한영 옮김(김영사, 2014), pp. 144-150. 이러한 맥락에서 긍정심리학에 나타난 행복 개념의 변화의 추이를 살펴보는 것은 의미 있을 것이다. 일례로 셀리그만은 긍정심리학의 주제를 행복(happiness)에서 안녕(well-being)으로, 측정기준을 삶의 만족(life-satisfaction)에서 번영(flourishing)으로 변경하면서, 긍정심리학의 목표는 안녕의 5가지 요소인 긍정적 정서, 관여, 의미, 긍

정적 관계, 성취를 증가시키는 것으로 설정한 바 있다. 변화의 핵심은 행복한 삶을 영위해가는 주체의 적극적 활동을 강조하고 있다는 점에서 찾을 수 있다. 추병완, 「도덕 교과에서의 행복교육: 긍정심리학과 긍정교육의 시사점」, 『도덕윤리과교육』, 제40호(한국도덕윤리과교육학회, 2013b), pp. 59-60 참조.

36 인간의 행복과 부정적 정서의 관계에 관해서는 다음의 글을 참조하면 좋을 것이다. 추병완, 「긍정심리학의 덕 가설에 대한 비판적 평가」, 『도덕윤리과교육』, 제39호(한국도덕윤리과교육학회, 2013a), pp. 19-20. 이상헌, 「포스트휴먼과 행복: 기술적 인간향상(human enhancement)으로 행복해질 수 있을까?」, 『철학논집』, 제51집(서강대학교철학연구소, 2017), p. 142.

37 박찬국, 「제4차 산업혁명과 함께 인간은 더 행복해질 수 있을까?」, 『현대유럽철학연구』, 제46집(한국하이데거학회/한국해석학회, 2017), p. 336.

38 Walker, M.(2009), p. 30.

39 Jotterand, F.(2011), p. 8 참조.

40 Sadler, J. Z., "The psychiatric significance of the personal self, *Psychiatry* 70(2)(2007), p. 114.

41 추병완, 「인간 향상의 도덕교육적 함의」, 『도덕윤리과교육』, 제47호(한국도덕윤리과교육학회, 2015), p. 65.

42 이런 측면에서 도덕성 향상 프로젝트가 행동주의의 재판에 불과하다는 추병완의 지적은 적절하다. 그는 다음과 같이 말한다. "도덕적 생명 향상은 디자이너에 의해 구체화된 목적에 인간을 적합하게 만드는 것이다. 도덕적 생명 향상은 파블로프와 스키너처럼 아이를 디자인하려는 전망을 선호하는 것에 불과하며, 학습자인 인간의 내적인 역학과 성장 과정은 오로지 조작의 대상으로만 여겨진다." 추병완, 「도덕적 생명 향상의 오류 분석」, 『도덕윤리과교육』, 제44호(한국도덕윤리과교육학회, 2014), p. 36.

43 Tiberius V.(2013), p. 2290 참조.

3장 인간 존엄성과 향상의 윤리

1 이 장은 정연재(2015a/b)를 취지에 맞게 수정, 보완한 것이다.

2 Schulman, A., "Bioethics and the Question of Human Dignity," *Human Dignity and Bioethics: Essays Commissioned by the President's Council on Bioethics*(Washinton, D.C., 2008), p. 5.

3 존엄성 개념은 여러 가지 기준에 따라 분류될 수 있다. 이 장에서는 존엄성 개념을 절대적으로 훼손 불가능하다는 의미에서 본질적(intrinsic)이고, 본래적인(inherent) 차원과 후천적인 의미에서 부여와 박탈이 가능한 속성적(attributed) 차원으로 구분한다.

4 Bostrom, N., "Dignity and Enhancement," *Human Dignity and Bioethics: Essays Commissioned by the President's Council on Bioethics*(Washinton, D.C., 2008), p. 213.

5 트랜스휴머니즘이 인간의 생물학적 본성을 초월하는 것을 일차적으로 지향한다면, 나아가 전통적인 인간 능력, 예를 들어 합리성, 소통능력, 도덕적 판단과 행위 능력 역시 향상될 수 있다고 확신한다면, 인간 존엄성의 출처와 의미를 확보하는 작업은 그 만큼 어려워지기 때문이다. 다시 말해 안락사, 조력자살 같은 윤리적 이슈에서 인간 존엄성을 다루는 것보다 더 어렵게 만드는 것은 바로 전통적인 인간 조건의 불변성을 거부하는 급진성에서 기인하는 것이다.

6 존엄성 개념의 다양한 원천은 애덤 슐만의 연구에서 자세히 나타난다. 그는 존엄성 개념의 역사적 원천을 (1) 고전적 고대(Classical Antiquity)에서 '영예롭고 존경받을 만한 가치 있음' (2) 성서적 종교에서 '신의 형상(imago dei)대로 만들어진 존재' (2) 칸트의 도덕철학에서 '모든 인간 존재에게 속하는 본질적 가치(intrinsic value)' (4) 20세기 헌법과 국제 선언에서 '모든 인간의 권리와 의무가 의존하는 최상의 가치(supreme value)'로 구분하고 있다. Schulman, A.(2008), pp. 6-13. 인간 존엄성의 역사적 함축에 관한 논의는 매우 다양하고 방대하기 때문에 이 장에서는 존엄성 개념을 구분하는 데 필요한 정도로 논의의 범위를 한정시킬 것이다.

7 서양 문헌에서 존엄성 개념은 로마 스토아학파 철학자인 키케로, 세네카에 의해 처음 언급되지만, 존엄성의 의미를 탁월성(arete, excellence)의 맥락에서 이해한다면, 결국 존엄성의 의미적 기원은 고대 그리스의 탁월성의 문화

에까지 소급해볼 수 있다. 설매시는 이러한 탁월한 존엄성을 '꽃이 만개한'을 뜻하는 개화된 존엄성(inflorescent dignity)으로 지칭한 바 있다. 그에 따르면, 개화된 존엄성은 인간의 탁월성에 도움이 되는 가치 있는 과정을 기술할 때, 혹은 개별적인 인간 존재가 주어진 상황을 넘어서서 펼쳐내는 탁월성을 표현할 때 사용된다. Sulmasy, Daniel P., "The varieties of human dignity: a logical and conceptual analysis," *Med Health Care and Philos* 16 (2013), p. 938.

8   Cicero, *De Inventione* Ⅰ, 166. Sulmasy, Daniel P., "Dignity and Bioethics: History, Theory, and Selected Applications," *Human Dignity and Bioethics: Essays Commissioned by the President's Council on Bioethics*(Washinton, D.C., 2008), p 471에서 재인용.

9   키케로, 『의무론』, 허승일 옮김(서광사, 2006), p. 82.

10   토머스 홉스, 『리바이어던: 교회국가 및 시민국가의 재료와 형태와 권력 Ⅰ』, 진석용 옮김(나남, 2008), pp. 123-124.

11   임마누엘 칸트, 『윤리형이상학 정초』, 백종현 옮김(아카넷, 2005), pp. 158-159.

12   임마누엘 칸트, 『윤리형이상학 정초』, 백종현 옮김(아카넷, 2005), pp. 148. 자살에 대한 칸트의 입장을 살펴보면 그의 존엄성 개념을 보다 확실하게 이해할 수 있을 것이다. 칸트에 따르면, 누군가가 고통스러운 상황을 모면하기 위해 목숨을 끊는다면, 그는 자기 자신을 고통 완화 수단으로 이용한 것이다. 인간은 수단으로 이용되는 물건이 아니며, 자신의 목숨을 처분할 권리는 다른 사람은 물론 자기 자신에게도 없다. 따라서 자살은 도덕적으로 옳지 못한 행위다. 칸트가 보기에 인간은 값으로 따질 수 없는 고귀한 존재이고, 수단으로 취급받아서는 안 되는 인격성을 갖춘 고귀한 존재다. 반면에 동물은 인간의 목적에 이바지하는 만큼의 가치를 갖는 수단적 존재로서, 이성적 존재에 합당한 권리와 의무의 공동체 구성원이 될 수 없다. 칸트에 따르면, 동물은 자의식이 없고 이성적 능력이 없기 때문에 인간은 동물에 대한 직접적 의무를 가지지 않으며, 단지 간접적 의무를 가진다. 동물에게 잔혹한 행위를 하지 말아야 하는 이유는 동물에 대한 직접적 의무 때문이 아니라, 인간에게

잔혹한 행위를 하지 않기 위한 일종의 연습이 될 수 있기 때문이다.

13 여기서 존엄성 개념을 두 가지로 한정시킨 이유는 이 장에서 전개할 가치론 (value theory)과 트랜스휴머니즘에서의 존엄성 이해의 맥락을 고려한 부분임을 밝혀둔다.

14 Sulmasy, Daniel P., "Death, Dignity, and the Theory of Value," *Ethical Perspectives* 9(2)(2002), p. 105.

15 내재적 가치와 자연종의 관계는 내재적 가치의 가장 중요한 전제라고 볼 수 있다. 설매시에 따르면, 자연종의 개념을 받아들이지 않는다면, 결국 사물은 특별한 속성을 지니거나 지니지 않은 개별자로 존재한다는 점을 받아들이는 셈이다. 오로지 속성으로 술어화하는 데 기반한 사물의 종류는 내재적 본성을 구성할 수 없다는 점에서, 결국 내재적 가치는 동일한 종으로 존재하기 때문에 확보되는 가치라고 할 수 있다. Sulmasy, Daniel P.(2002), pp. 106-107 참조.

16 Sulmasy, Daniel P.(2002), p. 106.

17 Sulmasy, Daniel P.(2002), p. 106.

18 Sulmasy, Daniel P.(2002), pp. 108-109.

19 Sulmasy, Daniel P.(2013), p. 938. 이 같은 내재적 존엄성의 정의에서 가장 쟁점이 될 수 있는 부분은 '종전형적 특징'이 유발할 수 있는 '종차별주의' 문제다. 내재적 존엄성을 내재적 가치의 위계 속에서 최상위 단계로 설정하는 설매시의 시도는 '종차별주의'로도 볼 수 있기 때문이다. 물론 그는 내재적 가치의 등급 설정은 인간의 독점적 지위를 보장하는 근거가 아니라 오히려 종차별주의의 윤리적 반경을 극복할 수 있는 반(反)종차별주의적 관점을 지닌다고 단호하게 주장한다(Sulmasy(2002), pp. 121-122). 그럼에도 상위 내재적 가치, 즉 내재적 존엄성을 이루는 종전형적인 특징을 강조하는 것은 인간 자연종을 생태계에서 정점에 두는 등급매기기의 일환으로 볼 수 있다. '유정적 존재'(sentient creation)를 도덕적 고려의 반경에 포함시키려는 공리주의적 시도가 여전히 강력한 설득력을 지니는 것은 바로 이 때문이다. 더욱 염려스러운 대목은 내재적 존엄성을 이루는 종전형적 특징들, 예를 들어 언어, 합리성, 사랑, 자유의지, 도덕적 행위능력, 창의성, 미적 감수성은 일

상언어에서 충분히 속성적 맥락으로 읽어낼 수 있다는 점이다. 일례로 설매시는 정신착란증세를 지닌 한 인간의 내재적 존엄성과 철인왕(philosopher-king)의 내재적 존엄성은 동일하다고 주장하지만, 이 같은 종전형적 특징들은 특정 부류의 특징을 기술하는 데(즉 속성적 맥락에서) 사용되는 술어들과 중복될 수 있다는 점이다. 이러한 한계에도 불구하고 가치론적 맥락에서 존엄성을 구분하고자 하는 시도는 충분히 의미 있는 것으로 판단된다. 설매시가 강조하는 존엄성의 내재적 의미는 속성적 의미와는 다르게 부여와 박탈 행위 자체가 불가능할 만큼 본질적이라는 점을 강조하고 있고, 내재적 가치를 지닌 인간 존재의 도덕성을 부각시키고 있기 때문이다.

20 Sulmasy, Daniel P.(2002), p. 109.

21 Sulmasy, Daniel P.(2013), p. 938.

22 이 점은 보스트롬의 포스트휴먼 존엄성과 현격한 차이점을 보이는 부분이다. 설매시는 "존엄성이라는 단어는 속성적 의미에서조차 인간 존재에 대한 담론을 위해 예비되었다"고 말하는 반면에, 보스트롬은 "사람이 아닌 존재에게도 속성적 존엄성이 부여될 수 있다"고 보기 때문이다.

23 Sulmasy, Daniel P.(2002), p. 110.

24 Sulmasy, Daniel P.(2002), p. 111.

25 Sulmasy, Daniel P.(2013), p. 938 참조.

26 Sulmasy, Daniel P.(2008), p. 479. 이는 비첨과 칠드레스가 말하는 상식적 도덕성(Common Morality), 즉 사회구성원들이 일상적으로 공유하고 있는 도덕적 신념의 맥락에서 이해할 수 있다. Beauchamp T. L. & Childress, J. F.(1994), pp. 100-102.

27 Sulmasy, Daniel P.(2008), pp. 479-482 참조.

28 Sulmasy, Daniel P.(2002), p. 112.

29 Sulmasy, Daniel P.(2002), pp. 112-113 참조. 존엄성의 윤리적 근본원칙을 좀더 구체적으로 설명하면 다음과 같다. 원칙 1은 인간을 목적으로 대하라는 칸트 정언명법의 두 번째 정식과 관련이 있으며, 원칙 1-4는 인간에 대한 존중을 정교화시킨 것이며, 원칙 3은 존엄성에 대한 스토아 학파적 담론으로부터 유래된 것처럼 들리고, 원칙 4와 6은 선행의 원칙과 악행금지의 원

칙과 관련되며, 원칙 5는 환경윤리의 청지기정신(Stewardship)을 연상시킨
다는 점이다. Sulmasy, Daniel P.(2002), p. 113. Sulmasy, Daniel P.(2008),
p. 483 참조.

30 Sulmasy, Daniel P.(2002), p. 113.

31 O'Mathúna, "Human Dignity and the Ethics of Human Enhancement,"
Trans-Humanities, Vol. 6, No. 1(2013), p. 114.

32 Bostrom, N., "In Defense of posthuman dignity," *Bioethics*(2005), pp.
202-203.

33 Bostrom, N., "Dignity and Enhancement," *Human Dignity and
Bioethics: Essays Commissioned by the President's Council on
Bioethics*(Washinton, D.C., 2008), pp. 175-176.

34 이런 측면에서 조터랜드는 보스트롬이 존엄성의 최소기준(minimal
criteria)만을 인정한다고 비판한다. Jotterand, F., "Human Dignity and
Transhumanism: Do Anthro-Technological Devices have moral status,"
The American Journal of Bioethics 10(7)(2010), p. 48.

35 Bostrom, N.(2008), p. 173.

36 Bostrom, N.(2005), p. 210.

37 Bostrom, N.(2008), p. 203.

38 Bostrom, N.(2005), p. 213.

39 Bostrom, N.(2005), p. 213.

40 인간향상기술이 인간 본성을 변형함으로써 인간 본성에 근거하는 존엄성을
훼손할 것이라는 카스의 입장과 인간향상기술이 인간들 사이의 능력의 차이
를 만들고, 결국 차별로 이어짐으로써 존엄성에 기반한 평등을 침해할 것이
라는 후쿠야마의 입장이 대표적이다. 존엄성의 맥락에서 트랜스휴머니즘과
인간향상기술을 비판하는 카스와 후쿠야마에 대한 논의는 다음의 논문에 잘
소개되어 있다. 이원봉, 「생명윤리와 포스트휴머니즘: 포스트휴먼의 존엄성
에 관한 논쟁을 중심으로」, 『환경철학』, 2013(12).

41 Bostrom, N.(2005), p. 203.

42 O'Mathúna(2013), pp. 108, 113.

43 Jotterand, F.(2010), p. 51.

44 Jotterand, F.(2010), p. 51.

45 Rolston, Holmes, "Human Uniqueness and Human Dignity: Persons in Nature and the Nature of Persons," *Human Dignity and Bioethics: Essays Commissioned by the President's Council on Bioethics*(Washinton, D.C., 2008), p. 129.

46 O'Mathúna(2013), pp. 108, 113.

47 European Commission, *Basic ehical principles in bioethics and biolaw 1995-1998*(1999), p. 4.

48 Rolston, H.(2008), p. 129.

제2부 프로페셔널리즘과 아리스토텔레스 윤리학

4장 프로페셔널리즘과 교화된 전문직

1 이 장은 정연재(2010)을 취지에 맞게 수정, 보완한 것이다.

2 여기서 실천적(practical)이라는 용어는 '전문직종사자의 업무 혹은 일'을 가리킨다. 이 단어는 전문직과 비전문직을 구분하는 중요한 개념이다. 전문직종사자를 보통 practitioner라고 부르는 것은 이 때문이다. 전문직은 자신의 노동을 기술하는 데 '실천'이라는 단어를 채택한다. 비첨과 칠드레스가 실천윤리를 "전문직 및 공공정책을 포함하여 여러 분야에서 발생하는 도덕 문제, 관행, 정책 등을 검토하기 위해 윤리이론과 분석방법을 사용하는 것"이라고 정의하는 것도 이러한 맥락에서 이해할 수 있다. Beauchamp T. L. & Childress, J. F.,(1994), p. 4.

3 Bell, D., 『탈산업사회의 도래』, 김원동, 박형신 옮김(아카넷, 2006), p. 325 이하.

4 Bell, D.(2006), p. 325.

5 profession의 일상적 의미는 단순한 취미활동이 아니라 유급의 직업을 의미할 때 사용된다. 예를 들어 돈을 받아 생계를 유지하는 프로야구 선수와 차를 정비하고 고치는 자동차수리공은 이런 측면에서 전문가, 프로다.

6 Airaksinen, T., "Professional Ethics," *Encyclopedia of Applied Ethics*, vol. 3(San Diego: Academic Press, 1998), p. 672.

7 Pritchard, J., "Codes of Ethics," *Encyclopedia of Applied Ethics*, vol. 1(San Diego: Academic Press, 1998), p. 527. 프리처드는 profession과 professional을 구분하면서, 후자에 도덕적 비중을 더 두고 있다. professional은 숙달되고, 노련한 전문가를 넘어서 '양심적이고 성실한'이라는 의미를 갖는다. 도덕적 차원에서 professional은 고객에게 유익한 일을 하기 위해 노력해야 하는 의무를 지닌다는 것이다.

8 Charles E. Harris, JR., et., *Engineering Ethics: Concepts and Cases*(Belmont, CA: Wadsworth, 2000), pp. 12–13 참조. 위키피디아는 전

문직의 특성을 다음과 같이 열거하고 있다. 이론적 지식에 기초한 기술, 전문직 연합체, 광범위한 교육연한, 자격 테스트, 제도적 트레이닝, 면허증을 교부받은 개업자, 노동의 자율성, 전문직 윤리 혹은 전문직 행동 법규, 자기 규제, 공적 서비스 및 이타주의, 배제와 독점, 그리고 법적 승인, 높은 지위와 보상, 접근 불가능한 지식체 등이다.

9   Freidson, E., 『프로페셔널리즘(*Professionalism: The third Logic*)』, 박호진 옮김(아카넷, 2007), p. 30. 이런 맥락에서 전문직(profession)은 자신의 노동을 완전히 통제할 수 있는 직업을 말한다. 또 다른 측면에서 아이락시넨은 professionalism을 훨씬 일반적인 의미에서 "자기 자신의 일에 대해 매우 진지하고 양심적인 태도"로 규정한다. 그에 따르면, 자기 자신의 노동에 대한 전문직종사자의 태도는 현대 사회에서 하나의 덕목이며 특별히 '프로테스탄트의 노동윤리'로부터 나온 것이라고 밝힌다. Airaksinen, T.(1998), p. 672.

10   Freidson, E.(2007), p. 30.

11   Freidson, E.(2007), pp. 259 이하 참조.

12   Freidson, E.(2007), p. 311.

13   Freidson, E.(2007), p. 193.

14   프로페셔널리즘이 자기이익의 윤리에 우선한다는 주장은 다니엘 벨의 논의에서도 매우 비중 있게 나타나고 있다. Bell, D.(2006), p. 661, 674 이하 참조.

15   Reiser S. J., *Medicine and the Reign of Technology*(Cambridge UP, 1978), p. 38. Postman, N., 『테크노폴리: 기술에 정복당한 오늘의 문화』, 김균 옮김(궁리, 2005), p. 143에서 재인용.

16   Neil Postman, N.(2005), pp. 125-142 참조.

17   William C. Cockerham, 『의료사회학』, 박호진 외 옮김(아카넷, 2005), p. 324.

18   Gadamer, H.-G., "Theorie, Technik, Praxis," *GW* 4(Tübingen: J.C.B. Mohr, 1987), p. 256.

19   기술의학은 의료체계의 전문화를 가속화하여 환자를 전체적 관점에서 보지 않고 몸의 특수한 생화학적, 물리적 비정상에 초점을 맞춤으로써 삶의

문제와 관련된 광범위한 장애를 감당해야 하는 현대 의료의 주목적에 역행하고 있는 실정이다. 또한 의료 실천에 고도로 경직된 계층체계를 조장하며, 전문직과 비전문직 간의 간극을 더 벌려놓고 있다. William C. Cockerham(2005), p. 368.

20 Gadamer, H.-G., 『철학자 가다머 현대의학을 말하다』, 이유선 옮김(낮과마음, 2002), pp. 258-259.

21 탈전문주의화는 "권력의 약화로 전문직이 소유한 혹은 소유한 것으로 보이는 외연의 특성들이 쇠퇴하는 것"을 의미한다. William C. Cockerham(2005), p. 386.

22 Freidson, E.(2007), p. 306.

23 Freidson, E.(2007), pp. 47-51 참조.

24 전문직 지식과 숙련의 일부가 폴라니가 말한 암묵적 차원과 연결된다는 논의는 프라이드슨에게서 발견된다. Freidson, E.(2007), pp. 49-50 참조.

25 주지하다시피 폴라니는 '암묵적 지식'이라는 개념을 통해 지식에 대한 본성을 개인적, 주관적 요인과 결부시킨다. 그는 개인적 헌신(personal commitment)을 통한 지식의 형성을 책임 있는 행위로 간주한다. 이러한 지식에 대한 폴라니의 견해는 공유된 신념에 기초하여 자기규율을 따르는 자율적이고 책임 있는 전문직의 이상형을 환기시킨다. M. Polanyi, 『개인적 지식』, 표재명 · 김봉미 옮김(아카넷, 2001), p. 139-148, 457 이하 참조.

26 Gadamer, H.-G., "Bürger zweiten Welten," *GW* 10(Tübingen: J.C.B. Mohr, 1995), p. 234.

27 Gadamer, H.-G.(2002), pp. 257-258.

28 가다머는 해석학의 경험을 인간 존재의 유한성과 역사성에 대한 경험으로 간주하면서, 해석학적 경험을 소유한 사람의 특징을 다음과 같이 밝히고 있다. "경험의 진실성은 언제나 새로운 경험과 연관성을 함축한다. 따라서 경험이 많다고 일컬어지는 사람은 이미 겪은 경험들을 통해 그런 경지에 이르렀을 뿐만 아니라 새로운 경험들을 향해 열려 있는 존재이기도 하다. 그런 사람이 도달하는 경험의 완성태, 즉 '경험이 많다'고 일컬어지는 사람의 완성된 존재는 그가 이미 모든 것을 터득했다는 뜻이 아니다. 오히려 그 반대

로 경험이 많은 사람은 철저히 교조적 원칙을 거부하는 사람이다. 그런 사람은 너무나 많은 것을 경험했고 경험을 통해 체득했기 때문에 새로운 경험을 하고 부단히 경험을 통해 배울 수 있는 능력을 갖춘 사람이다. 경험의 변증법은 최종적인 앎에서 완성되는 것이 아니라, 경험 자체를 통해 새롭게 다가오는 경험을 향해 열려 있는 상태를 가리킨다." Gadamer, H.-G., 『진리와 방법: 철학적 해석학의 기본 특징들 Ⅱ』, 임홍배 옮김(문학동네, 2012), p. 264.

29 Aristoteles, *NE*, 1140a23-30.

30 Gadamer, H.-G., *Wahrheit und Methode: Grundzüge einer philosophischen Hermeneutik*, 3 Auflage(Tübingen: J.C.B. Mohr, 1972), p. 304.

31 Gadamer, H.-G., "Theorie, Technik, Praxis," *GW* 4(Tübingen: J.C.B. Mohr, 1987), p. 245.

32 Gadamer, H.-G.(2002), p. 218.

33 원칙주의(Principialism)의 한계를 극복하기 위해 의료윤리학자 비첨과 칠드 레스가 설정한 원칙의 구체화(specification)와 균형잡기(balancing) 모델은 전문직의 실천에서 프로네시스의 중요성을 각인시킨다. Beauchamp, T. L. & Childress, J. F.(1994), pp. 32-37 참조.

34 전우택, 「정보화시대와 의학교육의 미래」,『의료정책포럼』, Vol. 6 No. 1(2008), pp. 34-35.

35 Airaksinen, T.(1998), p. 673.

36 프리처드에 따르면, 윤리법규는 전문직 단체에 따라 매우 다양한 형태로 표현된다. 법규가 매우 자세하게 규정위반에 대한 규율절차까지 포함하고 있다면 그 법규는 주로 자율적이고 체계화된 전문직(의사, 변호사)에 해당되며, 법규가 매우 간단하고 아주 일반적인 도덕적 목표만을 명시하고 있다면 그 법규는 공통의 관심사를 가진 느슨한 형태의 전문직에 해당된다. Pritchard, J.(1998), p. 530 참조.

37 Pritchard, J.(1998), p. 528.

38 Steneck, N. H., "Forstering Integrity in Research: Definitions, Current

Knowledge, and Future Directions," *Science and Engineering Ethics*, vol. 12, no. 1(2006), p. 55.

39 인테그러티 만큼 의미적 혼란을 가중시키는 개념도 없을 것이다. 흔히 가치 개념으로서 진실성, 온전성, 충실성 등으로 번역되는 인테그러티는 두 가지 의미기반, 즉 사람의 인격(character)뿐만 아니라 도덕성(morality)과 연결된다. 이러한 측면에서 인테그러티는 "한 인간의 개별적인 행동, 관점 등이 서로 모순되지 않고 일관되게 통일되어 있다"는 것이고, 또 다른 측면에서 "한 인간의 도덕성과 밀접한 연관 속에서 찾는 것"이다. 흔히 '도덕적으로 행위하는 것'(acting morally)과 '인테그러티를 가지고 행위하는 것'(acting with integrity)이 같을 수 있고, 다를 수도 있다는 것은 바로 이 두 가지 설명 틀 가운데 무게중심을 어디에 두느냐에 달려 있음을 의미한다. 또 하나 인테그러티 관련 논의에서 간과해서는 안 되는 차원이 공동체적 차원이다. 공동체적 차원에서 이해된 인테그러티는 자기통합성과 정체성으로서의 인테그러티가 가지는 개인적 차원을 극복할 수 있고, 도덕적 차원으로 확장해가는 길목에서 중요한 역할을 담당한다.

40 Steneck, N. H.(2006), pp. 55-56.

41 Steneck, N. H.(2006), p. 56.

42 MacIntyre, A.(1997), p. 231.

43 Pellegrino, E. D., "Professionalism, Profession and the Virtues of the Good Physician," *The Mount Sinai Journal of Medicine*, Vol. 69, No. 6(2002), p. 378-379.

44 Pellegrino, E. D. and Thomasma D., *The Virtue in Medical Practice*(New York: Oxford University Press, 1993), p. 146.

45 Pellegrino, E. D.(2002), p. 381.

46 Gardiner, P., "A Virtue ethics approach to moral dilemmas in medicine," *Journal of Medical Ethics* 29(5)(2003), p. 300.

5장 도덕적 인테그러티와 전문직 윤리

1   이 장은 정연재(2012)를 취지에 맞게 수정, 보완한 것이다.

2   이러한 개념 사용은 스테넥이 대표적인 경우이다. Steneck, N. H., "Forstering Integrity in Research: Definitions, Current Knowledge, and Future Directions," *Science and Engineering Ethics*, vol 12, no. 1(2006), p. 55.

3   일례로 옥스퍼드 영어사전(Oxford English Dictionary)에 따르면, 인테그러티란 "도덕 원칙의 건전성, 진실, 공정한 처리와 관련하여 부패하지 않은 덕을 갖춘 인격, 강직함(uprightness), 정직(honesty), 성실성(sincerity)"을 의미한다.

4   personality는 '성격'으로, character는 '인격'으로 번역한다. 이러한 구분에 따른 개념 사용은 다음의 논문을 참조했다. "'character'는 'personality'보다 상대적으로 도덕적 함축이 강하다. personality에는 다른 사람들과 차별성을 갖게 하는 '특수성'이 강조되는 데 비해, character에는 이러한 의미가 personality보다 상대적으로 약하다. 또한 character는 morality보다 도덕적 의미가 약하며, 인간관계와 자신의 행복에 영향을 미치는 것이 폭넓게 반영되어 있다." 정창우, 「인성 교육에 대한 성찰과 도덕과 교육의 지향」, 『윤리연구』, 제77호(2010), pp. 12-13.

5   프랭크퍼트, 「의지의 자유와 인간의 개념」, 『자유의지와 결정론』, 최용철 옮김(서광사, 1990), pp. 141-142.

6   Frankfurt, "Identification and Wholeheartedness," in Ferdinand Shoeman, ed., *Responsibility, Character, and the Emotions: New Essays in Moral Psychology*(New York: Cambridge UP, 1987), pp. 165-166.

7   일례로 완벽하게 통합된 자아는 진정한 유혹을 경험하는 것이 불가능하다. 왜냐하면 금지된 욕구 자체가 동일화를 거친 욕구에 의해 완전히 종속되기 때문이다. 핼펀에 따르면 유혹을 극복할 수 있는 능력이야말로 인테그러티를 가지고 있다는 신호라고 주장한다. M. Halfon, *Integrity: A Philosophical Inquiry*(Philadelphia: Temple University Press, 1989), p. 44. 또 다른 측면에서 컥스 역시 인테그러티야말로 진정성 있게 행동하는 것이 어려운 상황에서, 이른바 도전에 직면했을 때 나타날 수 있다고 말한다. Kekes, J.,

"Constancy and Purity," *Mind*, vol. ⅩCⅡ(1983), p. 499.

8 Williams, B., "Persons, Character and Morality," *Moral Luck: Philosophical Papers 1973-1980*(Cambridge: Cambrdge University Press, 1981), p. 12.

9 인테그러티의 상실과 책임 문제와 관련해서는 윌리언스의 다음의 논문을 참조할 것. Williams, "A critique of utilitarianism," *Utilitarianism for and against*, Smart, J. J. & Williams, B.(Cambridge: Cambridge University Press, 1973), pp. 93-108 참조.

10 이러한 비판은 컥스가 제기한 바 있다. 그는 행위자의 정체성을 담보하는 원칙이 단 하나뿐이어야 한다는 생각은 잘못된 것이라고 비판한다. 결국 그는 인테그러티야말로 이러한 원칙들을 가장 조화롭게 고려하고, 숙고한 가운데서 이루어지는 선택 가운데서 나온다고 본다. Kekes, J.(1983), p. 504.

11 McFall, L., "Integrity," *Ethics*, Vol. 98, The University of Chicago Press(1987), p. 5.

12 Calhoun, C., "Standing for something," *The Journal of Philosophy*, Vol 92, no. 5(1995), p. 257.

13 Calhoun, C.(1995), pp. 257-258.

14 Calhoun, C.(1995), p. 258.

15 Calhoun, C.(1995), p. 258.

16 Beauchamp T. L. & Childress, J. F.(1994), p. 100.

17 Halfon, M.(1987), p. 37.

18 컥스 역시 인테그러티 개념에 들어 있는 핵심적인 두 가지 의미로 원칙화된 행동(principled action)과 전체성(wholeness)을 꼽고 있다. 원칙화된 행동이 한 인간의 진정성(authenticity)을 보여주는 것이라면, 전체성은 행위자의 삶 자체가 신중한 형태(deliberate pattern)를 갖출 때에만 부여될 수 있는 속성이다. Kekes, J.(1983), p. 499.

19 Halfon, M.(1987), p. 37.

20 Rawls, J., *A Theory of Justice*(Cambridge, Massachusetts: Harvard University Press, 1971), pp. 519-520. 번역은 주로 다음의 책을 참조했으

며, 중요한 단어는 원어를 병기했다. 특히 번역본에서는 인테그러티를 '성실성'으로 번역한 바 있다. 존 롤즈, 『정의론』, 황경식 옮김(이학사, 2003), p. 665.

21 비첨과 칠드레스는 도덕 원칙들간의 상충시 해결책으로 '균형잡기'(balancing)를 제안한 바 있다. 균형잡기란 도덕 규범의 상대적 중요성에 대해 숙고하고 판단하는 것을 말한다. 도덕 원칙이 일종의 조건부적 구속력을 가진다는 전제 아래, 도덕적 의무를 조건부적 의무 아래서 보는 것을 말한다. 즉 특정 상황에서 행위자가 행해야 하는 실제적 의무는, 서로 상충하는 조건부적 의무들이 가지는 각각의 중요성과 경쟁적인 여러 조건부적 규범들이 가지는 상대적 중요성을 조정한 다음 결정해야 한다는 것이다. Beauchamp T. L. & Childress, J. F.(1994), p. 32 이하 참조.

22 Beauchamp T. L. & Childress, J. F.(1994), p. 473.

23 Beauchamp T. L. & Childress, J. F.(1994), p. 473.

24 이 절에서 중점적으로 논의할 리서치 인테그러티는 일단 우리 학계에 널리 알려진 번역어인 '연구진실성'으로 표기할 것이다. 이에 대한 논의를 통해 인테그러티의 번역어로서의 진실성이 얼마나 협소한 것인지 알 수 있을 것이다.

25 Steneck, N. H., "Forstering Integrity in Research: Definitions, Current Knowledge, and Future Directions," *Science and Engineering Ethics*, vol 12, no. 1(2006), p. 55.

26 Steneck, N. H., "Introduction to the Responsible Conduct of Research," 교육인적자원부, 한국학술진흥재단 편, 『연구윤리소개』(2006), p. 3에서 재인용.

27 Steneck, N. H.(2006), pp. 55-56.

28 Steneck, N. H.(2006), p. 55.

29 Steneck, N. H.(2006), p. 56.

30 '책임 있는 연구수행'의 요건이 연구자 개인뿐만 아니라 공동체 및 제도적 차원에서 정착될 수 있을 때 이러한 연구실천을 '바람직한 연구실천'(Good Research Practice)이라 할 수 있을 것이다.

31 Beauchamp T. L. & Childress, J. F.(1994), pp. 466-475.

6장 학문공동체의 공공선을 찾아서

1 이 장의 내용은 정연재(2008b/2011/2019)를 취지에 맞게 수정, 보완한 것이다.

2 Bell, D., 『교양교육의 개혁: 미국 컬럼비아 대학에서의 경험』, 송미섭 옮김 (민음사, 1994), p. 351

3 프랭크 뉴먼 외, 『대학교육의 미래: 이상, 현실 그리고 시장의 위험』, 한양대 학교 교무처 편역(한양대학교 출판부, 2007), p. 100.

4 민경찬, 「현행 중등 교육과 대학 교육의 한계」, 『지식의 지평』 3호, 한국학술 협의회 편(아카넷, 2007), p. 112.

5 Lewis, Harry R., *Excellence without a Soul: How a Great University Forgot Education*(New York: Public Affairs, 2006), p. 6–7.

6 흔히 '형성', '교양', '도야' 등으로 번역되는 Bildung은 처음에는 종교적 영역 에서 쓰였던 단어다. 신의 형상(imago dei)에 따라 지어진 인간은 자신의 영 혼 안에 신의 형상을 잘 간직하고 이를 닮아가고자 하는 노력을 해야 한다 는 취지에서 빌둥이 쓰인 것이다. 결정적인 의미전환의 계기는 바로 헤르더 (Herder)에 의해서다. 그는 빌둥을 "인간의 자연적 소질과 능력을 계발하려 는 인간의 고유한 방식"으로 규정함으로써, 문화(육성, Kultur)와 아주 밀접한 의미적 연관관계를 설정한다. 그러나 훔볼트는 헤르더와는 다르게 빌둥을 문 화와 구분지으면서 규정하는데, 무엇보다 빌둥은 그 자체가 수단이 아닌, 목 적이 되어야 하며 궁극적으로 보편성을 지향해야 한다는 것이다. 가다머 역 시 이러한 빌둥의 중요성을 간파, 인문주의를 주도했던 중요한 개념 가운데 하나로 설정한다. 빌둥은 기능을 '상실한' 수단이 아니라 그 자체가 목적이므 로 일종의 보존(Aufbewahrung)의 성격을 지닌다. 또한 인간은 개인의 사적 인 목적, 개인적 필요성으로부터 거리를 두고 판단할 수 있는 현명함, 분별력 을 갖춤으로써 개체성을 넘어 보편성을 지향해야 한다. 물론 이때의 보편성 은 이성의 추상적 보편성이 아닌 공동체적 삶을 가능케 하는 구체적 보편성 을 의미한다. 빌둥에 대한 가다머의 자세한 분석은 다음을 참조할 것. H.-G. Gadamer(1972), pp. 7–16 이하 참조.

7 '이익 창출을 위한 교육'이 '전인적 유형의 시민정신 함양을 위한 교육'을 압도

하고 있다는 누스바움(M. C. Nussbaum)의 지적이나(누스바움, 『공부를 넘어 교육으로』, 우석영 옮김(궁리, 2011), pp. 30-31 참조), 경쟁과 시장주의는 대학이 달성해야 할 공공의 목적과 현재 대학이 안고 있는 현실 사이의 간극을 더욱 악화시킬 것이라는 뉴먼 등의 지적은 동일한 맥락에서 이해할 수 있다(뉴먼 외(2007), p. 20).

8   Gadamer, H. -G., "The Idea of the University—Yesterday, Today, Tomorrow," in *Hans-Georg Gadamer on Education, Poetry and History: Applied Hermeneutics*(NY: SUNY Press, 1992) p. 49.

9   Gadamer, H. -G.(1992), pp. 52-53.

10 한국적 맥락에서의 교양교육의 동형화와 특성화의 전개상황은 백승수의 글을 참조하면 좋을 것이다. 특히 그는 우리나라 교양교육의 동형화와 특성화 현상의 유래를 1953년 교육법시행령 제125조 교양교육과정의 구성과 이수에 관한 사항에서 찾고 있다. 단적으로 교양교육의 내용과 운영을 법령으로 강제함으로써 교양교육의 자유로운 발전이 이루어지지 못했다는 것이다(백승수, 「4차 산업혁명 시대의 교양교육 방향 모색」, 『교양교육연구』, 제11권 2호, pp. 20-23 참조). 또 다른 맥락에서 크로우와 다바스는 미국 대학의 동형화 현상에 대해 다음과 같은 날카로운 분석을 내놓은 바 있다. "대학은 비전에 있어서 무서울 정도로 닮았고, 다음 단계로의 이동에 집착한다. 순위의 상승은 높은 정당성뿐만 아니라 높은 자율과 더 풍부한 금전적 재원에 대한 확실한 접근성을 동반하는데, 가장 명망 있는 대학이 가장 부자일 가능성이 높다. (…) 대학이 차별화되어야 한다는 주장에도 불구하고 대학은 순응과 표준화된 방법을 따르며 상당히 비슷한 방법으로 유사한 목표를 추구하는 것이 확실하게 드러나는 동형화라는 안전을 선택한다. 기업 영역에서 일반적인 경쟁 전략인 차별화보다 대학은 공통된 포부와 명망을 향한 복제된 방법을 추구한다." "대학이 개혁에 대한 노력과 진부한 조직 구조, 관행, 절차에 대한 대안을 찾는 노력의 부족으로 부분적으로 비용이 계속 급증하는 경우가 많다. 대학은 일반적으로 동질의 모델을 따르며 차별화는 부족하다. 방대한 대학의 자원을 소위 상위 대학을 복제하고 추월하기 위한 헛된 노력 속에서 동료 기관과 경쟁하는 데 쏟고 있다." Crow, M. M. & Dabars W. B.,

『새로운 미국 대학 설계: 성공적인 대학 개혁 모델』, 한석수 옮김(아르케, 2017), pp. 115-116, 132-133 참조.

11 연구에서 정직성, 정확성, 효율성, 객관성 등의 요건을 충족시키는 연구행위가 '책임 있는 연구 수행'(RCR, Responsible Conduct of Research)이라고 할 때, 이러한 책임 있는 연구수행의 요건이 연구자 개인뿐만 아니라 연구공동체 및 제도적 차원에서 충족되고 정착될 수 있는 연구 관행을 '바람직한 연구실천'이라 할 수 있다.

12 케이 맥클레니(K. McClenney)가 강조한 '학습중심교육기관'의 특징 가운데 '바람직한 교육실천'이 명시되어 있는 것은 주목할 만하다. "학습 결과를 명확히 정의한다. 기대결과와 맞물리고 바람직한 교육실천과 조화를 이루도록 고안된 다양한 학습 프로그램에 학생들이 참여한다. 학습을 체계적으로 평가하고 기록한다. 교수모집, 고용, 오리엔테이션, 배치, 평가, 개발 과정에서 학습을 강조한다. 계획하고 자원을 할당할 때 학습 증진을 우선시한다. 학습에 대한 초점이 교육기관 지도부, 핵심 문서와 정책, 활동에 지속적으로 반영되어 증거 기반 문화를 만든다." McClenney, K., "The Learning Focused Institution: Characteristics, Evidence, Consequences," *Pew Forum Working Paper*, No. 6, Draft. 2003, pp. 6-8. 프랭크 뉴먼 외(2007), p. 191에서 재인용.

13 조지 앤더스는 기술이 지배하는 최첨단 하이테크 시대에 인간이 가진 가장 가치 있는 재능으로서 인문학적 감각을 꼽고 있다. 비판적 사고능력, 경계를 넘나드는 능력, 통찰력, 낯선 상황에서의 최선의 선택능력, 타인의 생각과 감정을 파악하는 능력, 타인에게 영향을 미치는 리터러시 능력 등 인문학적 감각이 실제 비즈니스 현장에서 중요하게 부각되고 있음을 설득력 있게 보여주고 있다. 조지 앤더스, 『왜 인문학적 감각인가』, 김미선 옮김(사이, 2018), pp. 57-87 참조.

14 여기서 말하는 성숙한 단계의 교육은 일종의 창의적 활동으로 자신의 배움에 개입하는 적극성의 정도, 어려운 과제에 부딪혔을 때 보여주는 끈기의 정도, 확실한 정답이 없는 과제를 해결하는 정도가 매우 높은 단계를 의미한다. 한마디로 체화된 지식이 중요하다는 것이다. 김지현, 「대학 교육과 그 사회적

기능의 재개념화」,『지식의 지평』제3호(아카넷, 2007), pp. 88-89 참조.

15 Gadamer, H.-G.(1972), pp. 335-337.

16 미국 대학교·대학 연합에서 제안한 통합적 자유 학습(intergrative liberal learning) 역시 학생들이 근거기반의 추론과 판단을 적용하여 복잡하고 각본에 없는 문제에 학생들이 맞붙어보도록 준비시키는 것을 중요한 교육적 경험으로 간주하고 있다(Robbins, R., 2014: 26). 또한 빌둥은 지식과 그 지식의 적용 간에 분리되지 않는 교육의 형식이다. 그래서 학문적 경험과 학교 밖 현실의 유기적 연관성을 강조한다. 보이어스(J. Boyers)는 이렇게 말한다. "학생은 문제에 대한 해답을 알지 못할 수도 있지만, 동료 학생과 교수가 해결책을 취하는 과정을 보면서 실제 세계의 문제를 해결할 준비가 될 것이다. 실제 세계를 향한 참여와 우리의 교실을 통합하면 학생들은 자신의 향후 직무를 수행할 준비를 할 뿐만 아니라 적극적인 학습 스타일로 이동하여 교육의 소유권을 획득하고 다르게 생각할 수 있는 플랫폼으로 권한을 부여받게 된다(http://m.huffpost.com/us/entry/4538475)." 원만희,『4차 산업혁명 시대의 대학 교양교육에 대한 산업계 수요조사』(한국교양기초교육원, 2017), p. 15에서 재인용.

17 Gadamer, H.-G.,『진리와 방법: 철학적 해석학의 기본 특징들 Ⅱ』, 임홍배 옮김(문학동네, 2012), pp. 265-266.

18 Gadamer, H.-G., "Bürger zweiten Welten," *GW* 10(Tübingen: J.C.B.Mohr, 1995), p. 234.

19 Gadamer, H.-G.,『철학자 가다머, 현대 의학을 말하다』, 이유선 옮김(몸과 마음, 2002), p. 35.

20 Gadamer, H.-G.(2002), p. 218

21 Gadamer, H.-G.(2002), p. 145.

22 Gadamer, H.-G.(2002), p. 45.

23 Palanyi, M.,『개인적 지식―후기 비판적 철학을 향하여』, 표재명·김봉미 옮김(아카넷, 2001), pp. 139-148 참조.

24 김지현(2007), p. 92 참조.

25 Palanyi, M.(2001), pp. 222-236 참조.

26 Palanyi, M.(2001), pp. 248–249.

27 이는 학부생 스스로가 교육의 설계자임을 명시한 브라운대학교 학부교육의 기본요소이기도 하다. 김지현·신의항, 『대학의 학부 교육: 세계 대학의 우수 사례』(교육과학사, 2017), pp. 224–225 참조.

28 정연재, 「자기주도학습에 기반한 창의학습교과목 운영방안 연구 ―「프로네시스세미나 Ⅱ: 창의도전과 자기계발」을 중심으로」, 『교양교육연구』 제12권 6집(한국교양교육학회, 2018b), p. 108.

29 Gadamer, H.-G., 『교육은 자기교육이다』, 손승남 옮김(동문선, 2004), p. 29.

30 Derek Bok, *Our Underachieving Colleges: A Candid Look at How Much Students Learn and Why They Should Be Learning More*(Princeton, NJ: Princeton University Press, 2006), p. 316.

31 Task Force on Teaching and Career Development, "A Compact to Enhance Teaching and Learning at Harvard," Harvard University (2007), p. 6.

32 Whitehead, A. N., 『교육의 목적』, 오영환 옮김(궁리, 2004), p. 209.

33 예를 들어, 교수윤리헌장에서 '교육윤리지침'이 차지하는 위치는 다음과 같이 설정될 수 있다.

구분 및 명칭		특이사항	성격	적용대상
현장 전문(前文)		대학의 이념과 교수의 근본정신	보편성 추상성	대학 및 교수
교수윤리 강령	전문 & 규칙	교수윤리의 최상위 원칙		
	규정	윤리지침의 원칙적 준거틀		
연구윤리지침		윤리규범의 최하부 구조. 최종 행동 및 의사결정의 안내자 역할.	구체성 적실성	교수 및 연구자
교육윤리지침		형식적 측면에서의 자기완결성 고려		교수

34 Vico, Giambattista, *Vico: Selected Writings*, Leon Pompa, ed. & trans. (London: Cambridge UP), p. 264

35 니체는 다음과 같이 말한다. "너희 진정한 교육자와 형성자는 네 본질의 진정한 근본 의미와 근본 소재가 무엇인지, 교육할 수 없고, 조형할 수 없는 것, 어쨌든 접근하기도 구속하기도 또 위축시키기도 힘든 것이 무엇인지 네게 말해줄 것이다. 너의 교육자는 너를 해방시키는 사람 이상도 이하도 될 수 없다. 바로 그것이 모든 교양의 비밀이다." 니체, 『비극의 탄생 · 반시대적 고찰』, 이진우 옮김(책세상, 2005), p. 395.

참고문헌

국내문헌

가다머, 『교육은 자기교육이다』, 손승남 옮김, 동문선, 2004.

＿＿＿, 『철학자 가다머, 현대의학을 말하다』, 이유선 옮김, 몸과마음, 2002.

＿＿＿, 『과학시대의 이성』, 박남희 옮김, 책세상, 2009.

＿＿＿, 『진리와 방법: 철학적 해석학의 기본 특징들 Ⅱ』, 임홍배 옮김, 문학동네, 2012.

강명신, 「사회윤리학의 관점에서 본 의사의 전문직 역할도덕과 '초연한 관심'」, 『한국의료윤리교육학회지』, 제10권 2호, 2007.

강준호, 「연구윤리 지침에 대한 윤리학적 고찰」, 『철학사상』, 제24호, 2004.

길런, 『의료윤리』, 박상혁 옮김, 아카넷, 2005.

김선, 『교육의 차이: 세계의 교육강국, 그들은 어떻게 인재를 키우는가』, 혜화동, 2018.

김영정, 「창의성과 비판적 사고」, 『인지과학』, 제13권 4호, 2000.

김용환, 『리바이어던: 국가라는 이름의 괴물』, 살림, 2005

김정현, 「매킨타이어의 전통 개념 연구」, 『해석학연구』, 제22집, 한국해석학회, 2008.

김지현, 「대학 교육과 그 사회적 기능의 재개념화」, 『지식의 지평』, 제3호, 아카넷, 2007.

＿＿＿, 「학제적 교양교과과정의 특징과 의의」, 『교양교육연구』, 제8권 3호, 한국교양교육학회, 2014.

김지현·신의항, 『대학의 학부 교육: 세계 대학의 우수 사례』, 교육과학사, 2017.

김창래, 「해석학적 문제로서의 표현―현대 해석학의 탈정신주의적 경향에 관하여」, 『철학』, 제66호, 2001.

김효은, 「도덕적 판단의 본성: 신경윤리학적 접근」, 『과학철학』, 제12권 2호, 2009.

노직, 『무엇이 가치 있는 삶인가: 소크라테스의 마지막 질문』, 김한영 옮김, 김영사,

2014.

누스바움, 『공부를 넘어 교육으로』, 우석영 옮김, 궁리, 2011.

뉴먼 외, 『대학교육의 미래: 이상, 현실 그리고 시장의 위험』, 한양대학교 교무처
　　편역, 한양대학교 출판부, 2007.

니체, 『비극의 탄생·반시대적 고찰』, 이진우 옮김, 책세상, 2005.

대학사연구회, 『전환의 시대, 대학은 무엇인가』, 한길사, 2000.

롤즈, 『정의론』, 황경식 옮김, 이학사, 2003.

매킨타이어, 『덕의 상실』, 이진우 옮김, 문예출판사, 1997.

맥도널드, 『전문직의 사회학―의사·변호사·회계사의 전문직프로젝트 연구』, 권오
　　훈 옮김, 일신사, 1999.

민경찬, 「현행 중등 교육과 대학 교육의 한계」, 『지식의 지평』, 제3호, 아카넷,
　　2007.

박재주, 「아리스토텔레스 윤리학에 있어서의 덕의 감정적 구조」, 『동서철학연구』,
　　제20권 1호, 2000.

박찬국, 「제4차 산업혁명과 함께 인간은 더 행복해질 수 있을까?」, 『현대유럽철학
　　연구』, 제46집, 2017.

백승수, 「4차 산업혁명 시대의 교양교육의 방향 모색」, 『교양교육연구』, 제11권 2
　　집, 한국교양교육학회, 2017.

벤담, 『도덕과 입법의 원칙에 대한 서론』, 강준호 옮김, 아카넷, 2013.

벨, 『교양교육의 개혁: 미국 컬럼비아대학에서의 경험』, 송미섭 옮김, 민음사,
　　1994.

＿＿＿, 『탈산업사회의 도래』, 김원동·박형신 옮김, 아카넷, 2006.

변순용, 『책임의 윤리학』, 철학과 현실사, 2007.

변창구, 「미국 대학의 미래를 위한 변화와 준비」, 『지식의 지평』, 제3호, 아카넷,
　　2007.

사블레스쿠, 『미래 사회를 위한 준비: 도덕적 생명 향상』, 추병완 옮김, 하우,
　　2015.

손경원, 「사례중심적 연구윤리교육 프로그램 개발에 대한 연구」, 『윤리연구』, 제64
　　호, 한국윤리학회, 2007.

손동현, 「교양교육의 새로운 위상과 그 강화 방책」, 『교양교육연구』, 제3권 2집, 한국교양교육학회, 2009.

손병석, 「아리스토텔레스에게 있어서 실천지의 적용단계」, 『철학연구』, 제48호, 2000.

신의항, 「외국대학은 무엇을 어떻게 가르치고 있나」, 『지식의 지평』, 제3호, 아카넷, 2007.

아리스토텔레스, 『니코마코스 윤리학』, 이창우·김재홍·강상진 옮김, 이제이북스, 2006.

_____, 『수사학/시학』, 천병희 옮김, 숲, 2017.

_____, 『변증론』, 김재홍 옮김, 까치, 1998.

아이스퀼로스·소포클레스·에우리피데스, 『그리스 비극 걸작선』, 천병희 옮김, 숲, 2010.

액셀로드, 『위대한 결정, 역사를 바꾼 고뇌 속의 선택들』, 강봉재 옮김, 북스코프, 2007.

앤더스, 『왜 인문학적 감각인가』, 김미선 옮김, 사이, 2018.

앨런, 『아리스토텔레스 철학의 이해』, 장영란 옮김, 고려원, 1993.

오은영, 「아리스토텔레스와 흄의 행복개념 비교」, 『철학논집』, 제42집, 서강대학교 철학연구소, 2015.

원만희 외, 『4차 산업혁명 시대의 대학 교양교육에 대한 산업계 수요조사』, 연구결과보고서, 한국교양기초교육원, 2017.

이상헌, 「신경윤리학의 등장과 쟁점들」, 『철학논집』, 제19집, 서강대학교 철학연구소, 2009.

_____, 「인간 뇌의 신경과학적 향상은 윤리적으로 잘못인가?」, 『철학논집』, 제18집, 서강대학교 철학연구소, 2009.

_____, 「포스트휴먼과 행복: 기술적 인간향상으로 행복해질 수 있을까」, 『철학논집』, 제51집, 서강대학교 철학연구소, 2017.

이양수, 「연구윤리와 가치: 민주주의 연구윤리를 위한 제언」, 『철학사상』, 제24호, 서울대학교 철학사상연구소, 2004.

이원봉, 「생명윤리와 포스트휴머니즘: 포스트휴먼의 존엄성에 관한 논쟁을 중심으로」, 『환경철학』, 제16집, 한국환경철학회, 2013.

이종관, 『포스트휴먼이 온다: 인공지능과 인간의 미래에 대한 철학적 성찰』, 사월의 책, 2017.

이종환, 「플라톤 『필레보스』에서의 참된 즐거움과 좋은 삶」, 『철학사상』, 제58호, 서울대학교 철학사상연구소, 2015.

이중원 외, 『인공지능의 존재론』, 한울아카데미, 2018.

이태수, 「덕과 좋음의 추구」, 『인간·환경·미래』, 제5호, 인제대학교 인간환경미래 연구원, 2010.

이화인문과학원 편저, 『인간과 포스트휴머니즘』, 이화여자대학교출판부, 2013.

전우택, 「정보화시대와 의학교육의 미래」, 『의료정책포럼』, 제6권 1호, 2008.

정연재, 『윤리학과 해석학—그리스 철학의 수용과 재해석의 관점에서 본 가다머 철학』, 아카넷, 2008a.

_____, 「바람직한 교육 실천과 교육윤리」, 『윤리교육연구』, 제17집, 한국윤리교육 학회, 2008b.

_____, 「기술공학시대에서 전문직의 정체성과 윤리의 문제」, 『윤리연구』 제77호, 한국윤리학회, 2010.

_____, 「대화적 창의성과 철학적 해석학—바람직한 교육실천을 위한 해석학적 접근」, 한국해석학회, 『해석학연구』 제28호, 2011.

_____, 「도덕적 인테그러티 해명을 통한 전문직 윤리의 새로운 가능성 탐구」, 『윤리연구』, 제86호, 한국윤리학회, 2012.

_____, 「도덕성 강화에 대한 덕윤리적 비판—도덕성과 도덕판단에 대한 분석을 중심으로」, 『윤리연구』, 제97호, 한국윤리학회, 2014.

_____, 「존엄성 개념의 명료화를 통한 트랜스휴머니즘의 비판적 고찰」, 『윤리연구』, 제105호, 한국윤리학회, 2015a.

_____, 「삶의 마지막에서 존엄성을 어떻게 고려할 것인가—안락사와 의사조력자살의 논변 분석을 중심으로」, 『한국의료윤리학회지』, 제18권 제4호, 한국의료윤리학회, 2015b.

_____, 「포스트휴머니즘 행복론에 대한 비판적 고찰」, 『윤리연구』, 제121호, 한국윤리학회, 2018a.

_____,「자기주도학습에 기반한 창의학습교과목 운영방안 연구—「프로네시스세미나 Ⅱ: 창의도전과 자기계발」을 중심으로」,『교양교육연구』제12권 6집, 한국교양교육학회, 2018b.

_____,「자유교육과 직업교육의 이분법을 넘어서—균형잡힌 교육을 위한 하나의 시도」,『교양교육연구』제13권 2호, 한국교양교육학회, 2019.

정창우,「인성 교육에 대한 성찰과 도덕과 교육의 지향」,『윤리연구』, 제77호, 2010.

최경석,「의료윤리와 전문직 교육: 교육현황과 철학의 역할」,『새로운 교육수요와 철학교육의 대응』, 제19회 한국철학자대회 대회보 1, 2006.

최성환,「해석학과 수사학—사회적, 문화적 실천으로서의 인문학」,『해석학연구』, 제17집, 한국해석학회, 2006.

추병완,「긍정심리학의 덕 가설에 대한 비판적 평가」,『도덕윤리과교육』, 제39호, 한국도덕윤리과교육학회, 2013a.

_____,「도덕 교과에서의 행복교육: 긍정심리학과 긍정교육의 시사점」,『도덕윤리과교육』, 제40호, 한국도덕윤리과교육학회, 2013b.

_____,「도덕적 생명 향상의 오류 분석」,『도덕윤리과교육』, 제44호, 한국도덕윤리과교육학회, 2014.

_____,「인간 향상의 도덕교육적 함의」,『도덕윤리과교육』, 제47호, 한국도덕윤리과교육학회, 2015.

칸트,『윤리형이상학 정초』, 백종현 옮김, 아카넷, 2005.

코커햄,『의료사회학』, 박호진 외 옮김, 아카넷, 2005.

크로우·다바스,『새로운 미국 대학 설계: 성공적인 대학 개혁 모델』, 한석수 옮김, 아르케, 2017.

키케로,『의무론』, 허승일 옮김, 서광사, 2006.

테일러, 폴,『윤리학의 기본원리』, 김영진 옮김, 서광사, 2008.

편상범,「아리스토텔레스 윤리학에서 행복, 욕구 만족, 그리고 합리성」,『철학사상』, 제58호, 서울대학교 철학사상연구소, 2015.

포스트먼,『테크노폴리: 기술에 정복당한 오늘의 문화』, 김균 옮김, 궁리, 2005.

폴라니,『개인적 지식: 후기비판적 철학을 향하여』, 표재명·김봉미 옮김, 아카넷, 2003.

프라이드슨, 『프로페셔널리즘: 전문직에 대한 사회학적 분석과 전망』, 박호진 옮김, 아카넷, 2007.

프라이어, 윌리엄, 『덕과 지식, 그리고 행복: 고대 희랍 윤리학 입문』, 오지은 옮김, 서광사, 2010.

플라톤, 『국가·政體』, 박종현 역주, 서광사, 2005.

_____, 『국가』, 천병희 옮김, 숲, 2013.

_____, 『필레보스』, 박종현 역주, 서광사, 2004.

_____, 『플라톤의 네 대화편 : 에우튀프론, 소크라테스의 변론, 크리톤, 파이돈』, 박종현 역주, 서광사, 2003.

한국포스트휴먼연구소, 한국포스트휴먼학회 편저, 『포스트휴먼시대의 휴먼』, 아카넷, 2016.

호메로스, 『오뒷세이아』, 천병희 옮김, 숲, 2015.

홉스, 토머스, 『리바이어던: 교회국가 및 시민국가의 재료와 형태 및 권력 Ⅰ』, 진석용 옮김, 나남, 2008.

홍성욱·장대익 엮음, 신경인문학 연구회 지음, 『뇌과학 경계를 넘다: 신경윤리와 신경인문학의 새지평』, 바다출판사, 2012.

홍윤기, 「창의성과 통합인문학 구상: 창의성의 누진적 순환계를 중심으로」, 『사회와 철학』, 제15호, 2008.

화이트헤드, 『교육의 목적』, 오영환 옮김, 궁리, 2004.

황경식, 「전문직 윤리와 교육」, 『새로운 교육수요와 철학교육의 대응』, 제19회 한국 철학자대회 대회보 1, 2006.

_____, 『덕윤리의 현대적 의의: 의무윤리와 결과윤리가 상보하는 제3윤리의 모색』, 아카넷, 2012.

국외문헌

Airaksinen, Timo, "Professional Ethics," *Encyclopedia of Applied Ethics*, vol. 3, San Diego: Academic Press, 1998.

Aristoteles, *The Complete Works of Aristotle I-II*, J. Barnes(ed),

Princeton, NJ.: Princeton University Press, 1984.

_____, Ross, D.(trans.), *The Nicomachean Ethics*, Oxford: Oxford University Press, 2009.

_____, Crisp, R.(trans. & edit.), *Nicomachean Ethics*, Cambridge: Cambridge University Press, 2004.

Athota, V. S., "The role of moral emotions in happiness," *The Journal of Happiness & Well-Being*, 1(2), 2013.

Beauchamp Tom L. & Childress, James F., *Principles of Biomedical Ethics*, Fourth Edition, Oxford: Oxford University Press, 1994.

Bok, Derek, *Our Underachieving Colleges: A Candid Look at How Much Students Learn and Why They Should Be Learning More*, Princeton, NJ: Princeton University Press, 2006.

Bostrom, Nick, "Dignity and Enhancement," *Human Dignity and Bioethics: Essays Commissioned by the President's Council on Bioethics*, Washinton, D.C., 2008.

_____, "In Defense of posthuman dignity," *Bioethics*, 2005.

Calhoun, C., "Standing for something," *The Journal of Philosophy*, Vol 92, no. 5, Columbia University, 1995.

Callahan, Joan C., *Ethical Issues in Professional Life*, Oxford: Oxford University Press, 1988.

Charles E. Harris, JR. et al., *Engineering Ethics: Concepts and Cases*, Belmont, CA: Wadsworth, 2000.

Douglas, T., "Moral Enhancement," *Journal of Applied Philosophy*, Vol. 25, Blackwell Publishing, 2008.

European Commission, *Basic ethical principles in bioethics and biolaw 1995-1998*(1999).

Feldman, F., *Pleasure and the Good Life: Concerning the Nature, Varieties, and Plausibility of Hedonism*, Oxford: Oxford University Press, 2004.

Frankfurt, Harry, "Identification and Wholeheartedness," in Ferdinand
    Shoeman, ed., *Responsibility, Character, and the Emotions: New
    Essays in Moral Psychology*, New York: Cambridge UP, 1987.

Freidson, Eliot, *Professionalism Reborn: Theory, Prophecy and Policy*,
    Chicago: The University of Chicago Press, 1994.

Gadamer, Hans-Georg, *Wahrheit und Methode: Grundzüge einer
    philosophischen Hermeneutik*, 3., erweiterte Auflage, Tübingen:
    J.C.B. Mohr, 1972.

_____, "Platos dialektische Ethik: Phänomenologische Interpreta-
    tionen zum Philebos," *Gesammelte Werke* 5, Tübingen: Mohr
    Siebeck, 1985.

_____, "Theorie, Technik, Praxis," *GW* 4, Tübingen: J.C.B. Mohr,
    1987a.

_____, "Was ist Praxis? Die Bedingungen gesellschaftlicher
    Vernunft," *GW* 4, Tübingen: J.C.B. Mohr, 1987b.

_____, "The Idea of the University—Yesterday, Today, Tomorrow",
    in *Hans-Georg Gadamer on Education, Poetry and History:
    Applied Hermeneutics*, ed. Dieter Misgeld and Graeme
    Nicholson, trans. Lawrence Schmidt and Monica Ruess, Albany,
    NY: SUNY Press, 1992.

_____, "Bürger zweiten Welten," *GW* 10, Tübingen: J.C.B. Mohr,
    1995.

Gardiner, P., "A virtue ethics approach to moral dilemmas in
    medicine," *Journal of Medical Ethics* 29(5), 2003.

Grondin, Jean, *Hans-Georg Gadamer: Eine Biographie*, Tübingen:
    Mohr Siebeck, 1999.

Gross, D., "Blessing or curse? Neurocognitive enhancement by 'brain
    engineering'," *Medicine Studies* 1, 2009.

Haidt, J., "The emotional dog and its rational tail: A social intuitionist approach to moral judgement," *Psychological Review* 108(4), 2001.

Halfon, Mark, *Integrity: A Philosophical Inquiry*, Philadelphia: Temple University Press, 1989.

Haybron, D. M., "Two philosophical problems in the study of happiness," *The Journal of Happiness Studies*, 19, 2000.

Hughes, J., "Becoming a better person," Lecture at TransVision 06.

Jotterand, Fabrice, "Human Dignity and Transhumanism: Do Anthro-Technological Devices have moral status," *The American Journal of Bioethics* 10(7), 2010.

_____, "'Virtue Engineering' and Moral Agency: Will Post-Humans still need the Virtues?," *AJOB Neuroscience*, 2(4), 2011.

Kekes, J., Constancy and pruity, *Mind*, vol, ⅩⅭⅡ, 1983.

Lewis, Harry R., *Excellence without a Soul: How a Great University Forgot Education*, New York: Public Affairs, 2006.

MacIntyre, Alasdair, "Does applied ethics rest on a mistake?," *Monist* 67, 1984.

_____, "Plain persons and moral philosophy: Rules, virtues and goods," *The MacIntyre reader*, ed. Knight, K., Cambridge: Polity Press, 1998a.

_____, "Practical Rationalities as Forms of Social Structure," *The MacIntyre Reader*, ed. K. Knight, Cambridge, Polity Press, 1998b.

_____, *Whose justice? whose rationality?*, Notre Dame, Univ. of Notre Dame Press, 1998c.

McFall, Lynne, "Integrity," *Ethics* 98, 1987.

Michelfelder, D. P. & Palmer, R. E.(eds.), *Dialogue and Deconstruction: The Gadamer-Derrida Encounter*, New York: State University of New York Press, 1989.

Pellegrino, E. D., "Professionalism, Profession and the Virtues of the Good Physician," *The Mount Sinai Journal of Medicine*, Vol. 69, No. 6, 2002.

Pellegrino, E. D. and Thomasma D., *The Virtue in Medical Practice*, New York: Oxford University Press, 1993.

Persson·Savulescu, "Moral Transhumanism," *Journal of Medicine and Philosophy*, 2010.

Platon, *The Dialogues of Plato*, trans. Benjamin Jowett, Great Books of the Western World 7, Chicago: Chicago University Press, 1952.

Pritchard, Jane, "Codes of Ethics," *Encyclopedia of Applied Ethics*, vol 1, San Diego: Academic Press, 1998.

Robbins, Rich, "AAC&U's Integrative Liberal Learning and the CAS Standards: Advising for a 21st Century Liberal Education," *NACADA Journal* 34(2), 2014.

Rolston, Holmes, "Human Uniqueness and Human Dignity: Persons in Nature and the Nature of Persons," *Human Dignity and Bioethics: Essays Commissioned by the President's Council on Bioethics*, Washinton, D.C., 2008.

Sadler, J. Z., "The psychiatric significance of the personal self," *Psychiatry* 70(2), 2007.

Schaefer, G. Owen., "What is the Goal of Moral Engineering?," *AJOB Neuroscience*, 2(4), 2011.

Schulman, Adam, "Bioethics and the Question of Human Dignity," *Human Dignity and Bioethics: Essays Commissioned by the President's Council on Bioethics*, Washinton, D.C., 2008.

Steneck, N. H., "Fostering Integrity in Research: Definitions, Current Knowledge, and Future Directions," *Science and Engineering Ethics* vol. 12, no. 1, 2006.

Sulmasy, Daniel P., "Death, Dignity, and the Theory of Value," *Ethical*

Perspectives 9(2), 2002.

_____, "Dignity and Bioethics: History, Theory, and Selected Applications," *Human Dignity and Bioethics: Essays Commissioned by the President's Council on Bioethics,* Washinton, D.C., 2008.

_____, "The varieties of human dignity: a logical and conceptual analysis," *Med Health Care and Philos* 16, 2013.

Summer, L. W., *Welfare, Happiness and Ethics,* Oxford: Oxford University Press, 1996.

Task Force on Teaching and Career Development, "A Compact to Enhance Teaching and Learning at Harvard," Harvard University, 2007.

Tiberius V., "Happiness," *The International Encyclopedia of Ethics,* LaFollette, H.(Ed.), London: Blackwell Publishing Ltd., 2013.

Vico, G., *Selected Writings,* ed. and trans. Leon Pompa, London: Cambridge University Pres, 1982.

Walker, M., "Enhancing genetic virtue: A project for twenty-first century humanity?," *Politics and The Life Sciences,* 2009.

Waterman, A. S., "Reconsidering happiness: a eudaimonist's perspective," *The Journal of Positive Psychology,* 3(4), Routledge, 2008.

Weinsheimer, Joel C., *Gadamer's Hermeneutics: A Reading of Truth and Method,* New Haven and London: Yale University Press, 1985.

Williams, B., "A critique of utilitarianism," *Utilitarianism for and against,* J. J. C. Smart & B. Williams, Cambridge: Cambridge University Press, 1973.

_____, "Persons, Character and Morality," *Moral Luck: Philosophical Papers 1973-1980,* Cambridge: Cambridge University Press, 1981.

찾아보기

이론(테오리아, theoria) 19, 20, 31

인테그러티(integrity)

- 도덕적 인테그러티(moral integrity) 155~157, 164~166, 168~170, 176, 177

ㅈ

자기규제(self-regulation) 135

자유교육(liberal education) 201

자족성(autarkeia) 25, 34

전문직(profession)

- 전문직 실천(professional practice) 134, 136, 140, 145~148, 173, 177, 196
- 전문직 윤리(professional ethics) 127, 130, 146, 150~152, 155, 156, 176, 177
- 전문직 지식(professional knowledge) 132, 140, 150, 196
- 학술 전문직(academic profession) 188

전문화(Professionalization) 130, 136, 145, 150, 184, 185

정서주의(emotivism) 42, 54, 55, 57, 61

정치적 자유(political liberty) 15, 17

제도적 실천(institutional practice) 190, 205

존엄성

- 내재적 존엄성(intrinsic dignity) 96, 97, 101~108, 110~112, 115, 117, 118, 121, 122
- 속성적 존엄성(attributed dignity) 96, 97, 101, 102, 104~109, 111, 114~115, 117, 118, 121

지혜로운 사람(phronimos) 143

ㅋ

칸트(Kant, I.) 91, 100~102, 104, 150

포스트휴먼 시대의 윤리
아리스토텔레스 윤리학의 현실성을 찾아서

1판 1쇄 찍음 | 2019년 10월 25일
1판 1쇄 펴냄 | 2019년 10월 30일
저　자 | 정연재
펴낸이 | 김정호
펴낸곳 | 아카넷

출판등록 2000년 1월 24일(제406-2000-000012호)
10881 경기도 파주시 회동길 445-3 2층
전화 | 031-955-9510(편집) · 031-955-9514(주문)
팩시밀리 | 031-955-9519
책임편집 | 김일수
www.acanet.co.kr | www.phildam.net

ⓒ 정연재, 2019
Printed in Paju, Korea.

ISBN 978-89-5733-647-2 93190

이 도서의 국립중앙도서관 출판시도서목록(CIP)은
서지정보유통지원시스템 홈페이지(http://seoji.nl.go.kr)와
국가자료공동목록시스템(http://www.nl.go.kr/kolisnet)에서 이용하실 수 있습니다.
(CIP 제어번호: CIP2019036221)